Ullstein

ÜBER DAS BUCH:

Carlo, Wirt der *Trattoria della Pace*, ist nicht nur Besitzer des kulinarischen Zentrums von Porto am Lago Maggiore. Er, der auch als Stadtphilosoph bekannt ist, lenkt mit Raffinesse, Mut, Geduld (und nicht zu vergessen mit dem richtigen Quantum roten Barbera-Weins) und dank der Unterstützung seiner zahlreichen Freunde die Geschicke des Dorfes. Sowohl knifflig-verzwickte als auch gefahrvolle Aufgaben führt er zu einem guten Ende, ob er nun den Kampf mit einem Schmuggelring aufnimmt, einem betrügerischen Immobilienverkäufer das Handwerk legt oder ein eindeutiges Verlustgeschäft in einen Gewinn an Lebensfreude und Lebensglück verwandelt.

ERNST W. WIES

Geschichten vom Lago Maggiore

Ullstein

ein Ullstein Buch
Nr. 23744
im Verlag Ullstein GmbH,
Frankfurt/M – Berlin

Ungekürzte Ausgabe

Umschlagentwurf:
Hansbernd Lindemann
Foto: Charlie Waite – Tony Stone
Alle Rechte vorbehalten
Taschenbuchausgabe mit freundlicher Genehmigung
des Bechtle Verlags
© 1991 by Bechtle Verlag,
Esslingen · München
Printed in Germany 1996
Druck und Verarbeitung:
Ebner Ulm
ISBN 3 548 23744 4

Februar 1996
Gedruckt auf alterungsbeständigem
Papier mit chlorfrei
gebleichtem Zellstoff

Die Deutsche Bibliothek – CIP-Einheitsaufnahme

Wies, Ernst W.:
Geschichten vom Lago Maggiore /
Ernst W. Wies. – Ungekürzte Ausg. –
Frankfurt/M ; Berlin : Ullstein, 1996
(Ullstein-Buch ; Nr. 23744)
ISBN 3-548-23744-4
NE: GT

Dank an meinen verstorbenen Freund
Leon Zanders, der als erster diese Geschichten
mit zarter Hand lektorierte und an meinen
Freund Roberto Koch, der mir tiefe Einsichten
über Leben, Land und Leute am Lago-Maggiore
vermittelte.

Ernst Wilhelm Wies.

Inhalt

Vorbemerkung 11

Nachtfahrt 13

Zweikampf in Porto 34

Das Lombardgeschäft 56

Lombardische Eheschule 88

Grundstück am See 100

Mord in Porto 155

Die Geschichte, die nie erzählt werden
durfte 187

Anna, die Fischerin 226

Über die Realität der handelnden Personen
und den Wahrheitsgehalt der geschilderten
Begebenheiten setze ich die Sentenz
von Erik Satie:
»Obwohl unsere Auskünfte falsch sind,
übernehmen wir keinerlei Garantie für die
Richtigkeit.«

Vorbemerkung ...
mit leicht erhobenem Zeigefinger

Das Tessin besitzt eine große, deutschsprachige Literatur.

Unter Tessin ist fast immer der Schweizer Kanton Tessin gemeint, der mit der Schönheit seiner Berge und seiner beginnenden mediterranen Welt es dem deutschsprachigen Schriftsteller erlaubt, eine geistig nahe, verwandte Ferne zu beschreiben.

Man ist in einer anderen Welt, aber man versteht sie noch, und vor allem, man wird selber verstanden.

Die »Geschichten vom Lago Maggiore« spielen nicht in den wilden, durch Schweizer Sauberkeit in Schach gehaltenen Tälern der Maggia, noch in den rustikalen und dennoch so mondänen kleinsten Großstädten Europas: Lugano, Locarno und Ascona.

Dies sind Geschichten aus dem italienischen Tessin. Hier ist die Leuchtkraft des Lebens und der Farben ungebrochen von Hygiene, Organisationstalent und alemannischer Tüchtigkeit. Zwar wird auch hier die Luft als sedatives Heilklima von tüchtigen Prospekten angepriesen, dennoch ist sie herber, der See gewaltiger und die Konturen der Berge härter.

Die Menschen sind gewiß nicht besser hier, vielleicht etwas ursprünglicher, näher an Liebe und Haß und damit menschlicher:

»Quod erat demonstrandum«.

Nachtfahrt

Mein Gott, war das ein Spettacolo mit Tino, dem Schmied, mit Carlo, Wirt der Trattoria della Pace, und mit Cesare, dem Capitano!

Und was nicht alles dazugehört! Ein neuer Alfa Romeo, eine Stange Zigaretten und die große Stadt Luzern. Dazu gehört Signora Laura, Carlos Frau, eine Person, bei deren Erscheinen in der Trattoria die schwachen elektrischen Birnen fünfzig Watt heller erstrahlen. Ja, es gibt sogar Freunde, die behaupten, es gelänge ihr, das kalte Licht der Neonstäbe durch ihr Lächeln wärmer werden zu lassen.

Aber, so hat das Erzählen keinen Zweck! Alles purzelt kunterbunt durcheinander, Erinnerungen, Bilder, Begebenheiten. Entwirren wir den Knäuel von Gedanken, und beginnen wir, wie es sich für eine guteGeschichte gehört, mit dem Anfang. Und, wenn es schon gar nicht anders sein kann, sogar mit dem Ende, aber bitte doch in einer gewissen, verständlichen Ordnung.

Ecco, beginnen wir!

Auch am Lago Maggiore regnet es im November. Zwar nicht immer, aber oftmals. Dann fehlt der Landschaft das Licht, und die Piemonteser Berge, die sich über dem Westufer des Sees türmen, stecken ihre Nasen in einen grauverhangenen Himmel. Der See liegt da wie eine große, eherne Platte, und in den kleinen Städtchen und Dörfern an seinen Ufern sind die malerischen Gäßchen und Winkel gar nicht mehr so sommerlich romantisch, wie es auf Postkarten scheint. Melancholie und Traurigkeit breiten sich aus. Im sanften Grau des Tages ruht die Landschaft, ruht sich aus von der Sonne, vom leuchtenden Blau des Himmels, von der Bewunderung der Touristen, vom unaufhörlichen Klick-Klack ihrer Kameraverschlüsse. Auch die Menschen ruhen sich aus. Ruhen aus vom ewigen Lächeln, von der überzeugend geheuchelten Bewunderung, die man noch dem dümmsten Touristenwort zollt.

Die große Dienstbarkeit, die das Geld aus den Taschen der Touristen in die Kassen der Lombarden springen läßt, auch sie ist der Ruhe gewichen.

Natürlich, der Wein, der rote Barbera, schwer, erdig und voller Kraft, ist geblieben. Er schenkt dem Herzen die Sonne, die der Himmel versagt.

An einem solchen Mittwoch im November, der Tag überlegte, ob er Abend werden sollte, kam Tino, der Schmied, in die Trattoria. Carlo, der Wirt, vor einem Glas Barbera in stiller Andacht versunken, staunte über die Art, mit der Tino die Tür geöffnet hatte. Staunte über seinen Schrittt, der energisch durch den glasüberdachten Korridor stiefelte, vorbei an den gestapelten Rotweinfässern. An all dem erkannte Carlo, daß mit Tino etwas Besonderes los war. Was, wußte Carlo nicht. Aber er würde es erfahren. Man erfährt alles, wenn man nur ruhig dasitzt und wartet. Carlo trank einen Schluck und dachte: Der Wein ist gut, Madonna, und wenn ich tausend Liter davon trinken werde, der Wein ist gut.

Und schon setzte sich Tino zu ihm. Aber was für ein Tino! Ein Tino wie neu, ein Tino, gewaschen, gebadet, im besten Anzug, eine Gardenie im Knopfloch, vom Barbier gestutzt und gestriegelt und in eine Wolke von Wohlgerüchen eingehüllt. Carlo nahm das alles wahr. Er roch, wie der gute, säuerliche Rotweingeruch der Trattoria überwältigt wurde von Tinos Veilchenparfüm. Wie eine Wolke trieb dieser Duft den erdigen Rotweindunst aus der Trattoria heraus, irgendwohin auf die Gasse. Carlo kam sich bestohlen vor. Der Rotweingeruch gehörte ihm, seinem Haus; seit hundert Jahren roch es hier nach Barbera, und da kam dieser Tino mit seinen Veilchen. Er unterdrückte aufsteigenden Groll und dachte: Wie soll man einem Manne böse sein, der an einem Mittwoch im November hier erscheint, herausgeputzt wie ein Bräutigam, wo doch alle Welt weiß, daß Tino schon seit zwölf Jahren verheiratet ist. Man kann so einem Manne nicht böse sein, man muß ihm helfen. Und Carlo hilft! »Laura, Lina!« donnerte er durch die Trattoria, Frau und Schwester rufend und damit die Summe all seiner dienstbaren Geister. »Laura, Lina!«

Die Frauen tauchten aus der Tiefe der Küche auf. Sie brachten eine Dampfwolke von gebratenem Fisch in Olivenöl mit herein und rückten so dem lächerlichen Veilchenduft zu Leibe.

»Prego«, flüsterte Laura und warf das zarte Netz ihres Lächelns über die Trattoria. Auch Beltramini, der Mann, der die ganze Welt gesehen hat und seit dem Mittagessen in der hintersten Ecke der Trattoria mit sich und seinem Barbera dahingammelte, alle wurden von diesem Lächeln umfangen.

»Laura«, befahl Carlo, »una mezza bottiglia di Barbera.«

»Si, Carlo«, sagte Laura und gab den Befehl an die Schwägerin weiter: »Bitte einen halben Liter Barbera für Signor Tino.« Der Wein stand auf dem Tisch. Die Männer tranken. Sie sahen sich an. Teufel, ist der gut, der Barbera, un vino tipico, un vino classico. Segen über das Land, das für seine Männer solche Weine bereithält.

Inzwischen hatte der Rotweinduft, unterstützt vom Gardunst der Fische, das billige Veilchenparfüm besiegt. Dafür aber war eine Spannung im Raum, die alle erfaßte, Beltramini, der in seiner Ecke dümpelte, die Frauen in der Küche mit angelehnter Tür, Carlo hinter seinem Glas und Tino, der in seinen schönen Kleidern und am Schweigen fast erstickte.

»Er ist da«, sagte Tino. Drei Worte, nicht mehr.

Natürlich wußte Carlo, was gemeint war. Beltramini in seiner Ecke, die Frauen in der Küche, jeder wußte es.

Doch Carlo fragte: »Wer?«

»La macchina, der Wagen«, flüsterte Tino.

»Ah, gut«, brummte Carlo, »ein Fiat, gut, gut, gut für dich.«

»Nein«, stammelte Tino und sprach den Namen wie den Namen einer Geliebten aus, »ein Alfa Romeo.«

Carlo meinte: »Nun, Tino, ist das richtig, einen gebrauchten Wagen, selbst wenn es ein Alfa ist, zu kaufen? Du weißt, man sagt bei uns, nur neu ist treu.«

»Er ist ja neu«, schrie Tino, »ein neuer, ein ganz neuer, schneeweißer Alfa Romeo von 160 PS!«

Es wurde ganz still in der Trattoria. In seiner Ecke brabbelte der alte Beltramini: »Madonna, 160 PS, der Mann hat kein Auto gekauft, sondern eine Rakete.«

Das Wort stand für alle.

Und jetzt wurde es laut, sehr laut. Alle schüttelten Tino die Hände. »Molti auguri«, wünschten sie. »Alle guten Wünsche für dich, Tino, und dein neues, weißes Auto.« Die Frauen kamen aus der Küche, sie gratulierten, sie weinten ein wenig vor Freude, schleppten Wein an. Alten Barbera, der noch mit Olivenöl abgedeckt war – so wie in vergangenen Zeiten. Welch eine Freude!

»Wir in Porto am See, einem Ort von dreitausend Seelen, haben einen Schmied Tino, und der hat einen weißen Wagen gekauft, einen Alfa

Romeo mit 160 PS. Tino hat einen Wagen, wir alle haben einen Wagen, so schnell wie eine Rakete«, wie der alte Beltramini sagte.

»Freunde! Wein und Oliven auf den Tisch, Brot dazu und gebratene Lavarelli, feine, zarte Fische aus dem See.«

Die Trattoria füllte sich. Freude ist magnetisch, Freude strahlt aus, und Freude zieht an. In der Tür stand Cesare, groß, hager, Piratenblick aus treuherzigem Auge, Seemannsmütze auf den schwarzen Locken. »Cesare, il capitano«, sagten die Leute. Er war gar kein richtiger Kapitän, nur ein Mann, der im Sommer zwei lausige Boote und eine etwas größere Barke an die Touristen auslieh. Dennoch, in diesem Land werden Titel nicht nur vom Staat verliehen, sondern die Menschen geben sich die Würden, die sie zum Leben brauchen.

Il capitano schüttelte Tino die Hand, der Barbera brannte in den Gläsern, die Kehlen saugten den Wein in sich ein, den Wein und den Rausch der Freude.

Carlo lachte: »Der Wein ist gut, und wenn ich hunderttausend Liter davon trinken werde und wenn ihr mich mit nacktem Hintern auf den Schneehut des Monte Nudo setzt, ich sage euch, der Wein ist gut.«

»So, und nun wollen wir den weißen Alfa sehen.«

Carlo sprang auf. Er hatte vor Freude und Wein vergessen, daß in seinem rechten Fuß ein Bluterguß saß. Er hatte vergessen, daß er keinen Schuh mehr anhatte, daß sein Fuß nur mit Lappen umwickelt war. »Was macht das, wir wollen Tinos neuen Wagen sehen!«

Und so ruderte er schwer, mit humpelndem Bein, voller Gewichtigkeit und innerer Autorität durch die Menge, hinter ihm Tino, veilchenduftend, ganz neu und sauber in seinem Glück, dann il capitano, die Frauen und all die anderen die sich freuten, und zum Schluß wackelte der alte Beltramini hinterher und brabbelte: »Madonna, eine Rakete.«

Tino saß im Wagen, Zündschlüssel in der Faust, Carlo dicht neben ihn gedrängt, und dann darangeklebt im zweisitzigen Sportwagen der hagere Capitano, und um sie herum ... zwanzig, dreißig Augenpaare, die Formen des Wagens liebkosend, die kostbaren Ledersitze des Wagens prüfend, das ganze Auto umfassend, voller Ahnung, welche Kraft dem stählernen Wunder innewohnt. Tino drehte den Schlüssel im Zündschloß, der Motor sprang an, viel, viel Kraft im gebändigten Lauf.

»Facciamo una piccola passeggiata colla carrozza?« fragte Tino.

»Ja«, rief Carlo, und seine Befehlsstimme dröhnte auf: »Laura, wir machen eine kleine Spazierfahrt in die Schweiz. Kleine zwanzig oder dreißig Kilometer, wir bringen eine Stange Zigaretten mit. Andiamo, avanti, avanti!«

»Avanti!« riefen alle, und der schwere Wagen

schob sich langsam durch die engen Gassen. Die Menschen begleiteten ihn bis hinunter zum See, bis zur großen Autostraße. Laura war noch einmal ins Haus zurückgerannt und kam mit Carlos Alpinihut zurück. Sie warf den Hut mit der Adlerfeder wie einen Gruß in den Wagen. Da saßen sie nun, der glückliche Tino, Carlo mit dem Hut mit der Adlerfeder und der hagere, nachtschwarze Capitano. Sie lachten, lachten wie die Knaben, ganz von unten herauf, jubelten »Avanti, avanti« und brausten mit donnerndem Motor in die Nacht.

Der starke Wagen vereinte die drei Männer. Sie lebten von seiner Kraft. Sie waren so wie er, stark, schnell und frei. Wie im Traum war Ponte Tresa, die Grenze, erreicht. Der Zöllner, ein Junge aus Porto, fragte die drei: »Seit wann fahren denn Strolche im Alfa spazieren?«

Carlo grinste zurück: »Seitdem die Schmuggler Zöllner sind, mein Goldjunge.«

Unter dröhnendem Gelächter fuhren sie davon. Der Schlagbaum flog auf. Der Schweizer Grenzbeamte grüßte und gab die Weiterfahrt mit einem Handzeichen frei. Und nun schoß der Wagen die schnurgerade Straße entlang. Rechts blinkten die Lichter des Monte Bré, spiegelten sich wieder im sanften Wasser des Luganer Sees. Vor einer Tabacceria in Lugano stoppte Tino. Il capitano stakste mit langen Beinen davon, um die bewußte Stange Zigaretten zu kaufen.

»Carlo, mein Junge, was sagst du nun?« fragte Tino.

»Was soll ich sagen, Tino, ein schöner Wagen, ein schneller Wagen, ›un miracolo‹. Aber was ich mich immer frage, ist, was sagen solche Wagen am Berg?«

»Capitano«, brüllte Tino, »steig ein, wir fahren über den Monte Ceneri.«

Der Motor heulte auf, der Wagen schoß wie eine Kugel dahin, dem Monte Ceneri entgegen. Er jagte über seine Steigungen, dröhnte durch seine Kurven und überwand fliegend Gipfel und Paß, schnellte dann wie ein stürzender Pfeil die Talstraße hinunter, und erst in Bellinzona endete der Rausch der Schnelligkeit. Tino hielt am Marktplatz den Wagen an. Mit steifen Beinen gingen die Freunde in eine Bar, tranken einen Kaffee, wollten jetzt keinen Wein, sie waren vom Rausch der Freude erfüllt.

»Andiamo, amici, gehen wir, in Porto warten die Frauen auf uns.« Draußen auf der Piazza hielt Carlo in seinem Humpelschritt inne: »Es ist eine Schande, Tino«, sagte er, »es ist eine Schande, Capitano!«

»Was?« fragten beide.

»Männer, wir sind fünfzig Kilometer vom San Gottardo entfernt; mit solch einem Wagen sind fünfzig Kilometer ein knappes halbes Stündchen oder, wenn ihr wollt, ein gutes Viertelstündchen.«

Carlo schwieg und ließ das süße Gift seiner

Überredungskunst wirken. Dann meinte er scheinheilig: »Ich weiß ja nicht, Tino, ob das für dich und den Wagen zuviel ist. Aber der Gottardo, ja das ist kein Monte Ceneri, den man so einfach hinauffährt. Der Gottardo, das ist ein hoher Berg, ein großer Paß, der verlangt das Letzte von Wagen und Fahrer. Das ist schon was, mit solch einem Wagen den Gottardo emporzustürmen.

»Kommt, worauf warten wir«, sagte Tino. Der Wagen drehte sein Maul wieder nach Norden, fraß die Straße in sich hinein und jagte dem Gottardo entgegen.

Daheim in Porto, in der Trattoria della Pace, war es still geworden. Man hatte noch eine Stunde oder etwas länger zusammengesessen. Hatte guten Wein getrunken und herumgerätselt, wie Tino an das viele Geld gekommen sein mochte, um solch ein Auto zu kaufen. Was kostete eigentlich so ein Auto? Zwei, drei, vier Millionen Lire? Keiner wußte es. Hatte Tino im Lotto gewonnen, oder soll er so viel an den schmiedeeisernen Gittern verdient haben, mit denen der Fürst von B. seine neue Villa und seinen Park umgrenzt hat? Oder sollte es doch stimmen, daß Tino an die deutsche Baugesellschaft Land verkauft hat, die hier für die Fremden Villen und Bungalows baut? Das konnte sein, Tino war schon immer ein Fuchs, und die Tedeschi zahlen gute Preise.

Der Abend schritt voran. Laura, Lina und Rosina, Tinos unscheinbare Frau, hockten zusammen am Tisch. Ein bißchen unruhig waren sie, denn Stunden waren vergangen, seitdem die Männer unter Beifall und Jubel in die Nacht hinein gefahren waren. Die Trattoria leerte sich. Die Leute gingen. Sie sagten den Frauen ein Wort der Zuversicht. »Sie werden schon wiederkommen, drei Kerle wie die! Vielleicht Reifenpanne. Warum gleich an Schlimmes denken. Geduld, die Männer kommen zum Kochtopf zurück.« Unter solchem Wortgeklingel leerte sich das Haus.

Nur Beltramini mit seinem Weinglas, in der hintersten Ecke der Trattoria, eingehüllt in die rote Euphorie seines Rausches, wich nicht vom Platze, gehörte zum Inventar des Hauses. Den Frauen wurde es einsam und ein bißchen kalt. Die Freude hatte den Raum verlassen, dafür hockte irgendwo die Sorge, kalt, feucht, unfaßbar wie der Nebel, der am Morgen vom See aufsteigt und die Täler durchzieht.

Mitternacht! Der Maresciallo, Chef des Carabinieri-Postens, stand im Raum, groß, breit, gewaltig. Ein Mann, eine Autorität, eine Hoffnung. Laura sprang auf. Einige Sekunden, und ein halber Liter Rotwein, Barbera natürlich, stand vor dem Maresciallo. Er wußte alles. Er wußte von Tinos neuem Auto, er wußte, daß die drei Männer vor Stunden losgefahren waren, daß sie längst hätten zurück sein müssen, und er wußte, daß jetzt, in dieser Stunde, die Frauen voller Angst und Sorge waren. Er wußte, daß sein, des

Maresciallo Platz, jetzt hier in dieser Trattoria war. Daß es seine Aufgabe war, Zuversicht zu geben und den guten Barbera zu trinken. Wer Barbera trinkt, hat Zuversicht, auch das wußte der Maresciallo. Man möge sich keine Sorgen machen, verordnete er. Die Köpfe der Frauen nickten: »Si, si.«

»Die drei«, sagte der Maresciallo, »sind Alpini. Das besagt alles. Sie sind Alpini!«

Die Frauen nickten dazu.

»Sie sind Freunde, tre amici. Freundschaft ist eine große Sache. Amicizia überwindet alle Übel der Welt. Aber das wissen Frauen nicht. Das ist Männersache.«

Die Frauen nickten und verstanden, daß sie das nicht wissen konnten.

Keine Sorgen machen, befahl der Maresciallo. Im übrigen habe er, der Maresciallo, dem wachhabenden carabiniere aufgetragen, jede Nachricht, gleich welcher Art, in die Trattoria zu bringen, denn hier sei er zu finden. Es sei also an alles gedacht, endete der Maresciallo, streichelte mit den Augen seinen Barbera und nahm einen kräftigen Schluck.

Laura, unter dem Zwang, irgend etwas zu tun, stand auf und holte eine Riesenschüssel kalte Polenta mit heißer Bratensoße. Der Maresciallo lehnte die Einladung zum Essen ab, nahm dafür aber den Barbera fester in den Griff. Die Frauen aßen aus Müdigkeit, aus Kummer. Ihre Augen waren kleiner und kleiner geworden, ebenso ihre

Gesichter, und auch in Lauras Gesicht war das letzte Lichtlein erloschen.

Der weiße Alfa indes jagte durch die Nacht, hatte die drei über den Gotthard getragen, schluckte blitzschnell das erleuchtete Band der Straße, warf geschwind Kilometer um Kilometer hinter sich und trieb wie ein Geschoß durch die Tiefe der Nacht. Vierwaldstätter See ... Luzern! Luzern, dieser gepflegte Kurort mit den großen Hotels wie Schlösser, wie Paläste, in denen seit hundert Jahren die Reichen der Welt zu Hause sind. Tino der Glückliche, Carlo mit dem Alpinihut und Cesare, il capitano, drei Männer aus Porto am See, die nur ein Viertelstündchen nach Lugano fahren wollten, waren nun im glanzvollen Luzern.

Die Fahrt durch die Stadt hatte sie ernüchtert. Häuser und Hotelpaläste waren erdrückend, und in den dreien war ein ungutes Gefühl im Wachsen, das Gefühl, etwas Dummes, Unüberlegtes getan zu haben. Sie dachten zurück an die Frauen in Porto, in der Trattoria. Und da wurden sie trotzig. Trotzig aus Schuld und aus schlechtem Gewissen. Per bacco, wer hat da was gesagt? Man ist immer gut zu den Frauen gewesen, immer. Man hat für sie gesorgt. Sie in Zucht und Sitte gehalten. Frauen müssen eben warten, mußten immer warten. Und Männer müssen manchmal solche Sachen machen. Sachen, die Frauen nicht verstehen können, und, Madonna, Sachen, die sie nicht zu verstehen brauchen. So eine Fahrt durch die Nacht, zum Beispiel. Eine Fahrt mit unbekanntem Ziel. Mit Freunden, in amicizia. Sonst kann ein Mann einfach nicht leben auf der Welt, verdammt noch mal, wenn er nicht Dinge tun kann, die Frauen nie begreifen werden.

Und Tino fand das richtige Wort, was keiner gesagt, aber alle gedacht hatten: feiern.

»Freunde«, sagte Tino, »wir machen ein Fest, und ich lade euch zum Abendessen ein.«

Aber Carlo erwiderte: »Nein, das ist meine Sache.«

»Nein, es ist meine Sache«, entgegnete Tino, »es ist mein Auto und darum mein Fest.«

»Logico«, meinte der Capitano, und Tino tröstete: »Komm, Carlo, wir leben noch hundert Jahre, es wird noch viele Feste geben.«

»Wir leben noch hundert Jahre«, jubelten die drei und waren wieder erfaßt und überwältigt von dem glorreichen, brausenden Lebensgefühl, das sie ohne Absicht und Ziel so weit und so ungewollt über Berge und Täler, über Grenzen und Begrenzungen hinweg durch die Nacht getragen hatte.

Tino fuhr eine Auffahrt entlang. Über ihnen flammte die Leuchtschrift eines Palastes, der in aller Welt »Eden«, »Excelsior« oder »King George« heißt. Das Portal wurde gehütet von einem Admiral der venezianischen Flotte. Er hatte Tinos Alfa gesehen, taxierte die späten, im Dunkel der Nacht noch nicht erkennbaren Gäste und akzeptierte sie. Auch Tino der Glückliche, Tino mit dem guten Anzug und der Gardenie im Knopfloch wurde angenommen. Aber dann schoß sein Arm vor und wurde zur Straßensperre. Er flüsterte empört: »Halt!«

Carlo mit lumpenumwickeltem Humpelbein, Cesare, il capitano, im blauen Monteuranzug, Seemannsmütze im schwarzen Haar, beide schauten den Hüter der Pforte mit Kinderaugen an.

»Was ist?« fragte Tino von jenseits der Schwelle. »Was ist, Signor, ist etwas nicht in Ordnung?«

»Nein, mein Herr, bei Ihnen ist alles in Ordnung«, sagte der Portier, obwohl ihn Tinos Veilchenduft heftig attackierte. »Aber diese beiden«, rief er aus, und der ganze Mann mit seinen goldenen Schnüren und Epauletten wurde zu einer einzigen Anklage, »diese beiden«, sagte er und zeigte auf Carlos schuhlosen Humpelfuß, auf den alten Alpinihut und auf des Capitanos blauen Monteuranzug, »diese beiden nicht!«

»Die beiden sind in Ordnung! Primo, weil sie meine Freunde sind, secondo«, und er zeigte auf Carlos Fuß, »ist dieser Herr verletzt, und Sie wollen doch keinem Kranken die Tür weisen. Und dieser Herr«, Tinos Blick ruhte voll und warm auf dem Capitano, »ist der Kapitän meiner Yacht. Andiamo, signori, gehen wir.«

Waren es Tinos Argumente oder sein Veilchenduft, der sich mit Carlos saurem Rotweindunst vermischte, oder waren es seine Hände, die wie Greifbagger ein wenig fremd aus dem feinen Anzug baumelten? Der venezianische Admiral gab zögernd die Schwelle frei.

Die drei Männer traten ein in die glanzvolle Pracht des Speisesaals. Sie waren weder ängstlich noch beklommen, sondern voll berstender Freude. Keiner von ihnen spürte die abwertenden Blicke der Kellner, noch empfanden sie die geringschätzigen Mienen eines späten, versnobten Publikums. Sie waren unverwundbar in der Hornhaut ihrer Fröhlichkeit. Sie wählten umständlich und mit Bedacht ihren Tisch, handelten zielstrebig mit den auf Distanz stehenden Kellnern (denn Veilchen- und saurer Rotweinduft sind starker Tobak) die Reihenfolge der Speisen aus und schlugen wortgewaltig und verachtungsvoll den Versuch ab, ihnen Champagner, Spumante, zu servieren. Barbera, wenn es geht, darüber waren sie sich einig. Gut denn, wenn es ihn nicht gibt (und wie sollte es ihn auch geben, dachte Carlo ernsthaft, wo wir ihn doch bei uns zu Hause alle wegsaufen), gut denn: »Dann bringen Sie uns einen Roten aus dem Rhônetal.« Natürlich übernahm Carlo, der Wirt der Trattoria della Pace, in dieser Frage Führung und Entscheidung.

Dann schmausten die drei. Brachen Brot, warfen kleine Stücke davon in die feine Consommé und löffelten Suppe und Brot mit großem Behagen. Sie aßen herzhaft, voller Würde und Hingabe und putzten die Teller mit Brotstückchen blitzblank. Auch der Wein aus dem Rhônetal war gut. Nun, es war kein Barbera, aber doch ein guter Wein. In der Fremde, das wußten sie, mußte man sich immer bescheiden. Das hatten sie von den Vätern gehört. Das ist das Schicksal derer, so glaubten sie in schöner Einfalt, denen der schönste Landstrich der Erde zur Heimat gegeben wurde. Es war ein großes Festmahl, ein Liebesmahl. Wie würden die Leute in Porto am See staunen, wenn sie erfuhren, was die Freunde in dieser Nacht erlebt hatten.

Tino zahlte die Zeche. Er zahlte viel Geld für das nächtliche Mahl. Carlo wollte dem Freunde beispringen. Doch Tino wehrte ab. »Laß, Carlo, es reicht.«

Es reichte sogar noch für ein gutes Trinkgeld.

»Armer Tino«, bedauerte Carlo den Freund. »Du mußt ja ein halbes Jahr arbeiten, um das wieder zu verdienen.«

»Ja«, sagte Tino, »so wird es wohl sein. Aber du vergißt, Carlo, wir werden noch hundert Jahre leben und noch hundert Jahre Freude an diesem Abend haben. Und für hundert Jahre Freude, Carlo, war es doch wirklich nicht zuviel Geld.«

»Avanti, amici, wir werden noch hundert Jahre leben.« Sie faßten sich unter dem Arm, nahmen Carlo mit dem Humpelbein in die Mitte und marschierten durch das Spalier hochnäsiger Kellner, in deren Herzen hinter befrackter Brust für Sekunden die Ahnung aufstieg von der Freiheit des Menschen, marschierten vorbei an dem venezianischen Admiral zu Tinos weißem Alfa, begrüßten den schönen Wagen und die frische Luft mit ihren eigenen gewaltigen Winden und fuhren friedlich und wohlgestimmt hinan zum Gottardo, zum Monte Ceneri, zu jenem festen Zielpunkt ihres Glücks, an dem alle Fahrten und Ausreißmanöver immer wieder enden würden ... nach Porto am See.

In der Trattoria della Pace dämmerte der Morgen. Im Grau der frühen Stunde wirkte das Licht der elektrischen Birnen noch trüber, noch armseliger. Beltramini, in der hintersten Ecke der Trattoria, war neben seinem leeren Weinglas eingeschlafen. Der Maresciallo, die Hände über dem dicken Bauch, vor sich den sechsten oder siebten halben Liter Barbera, saß da wie ein Fels. Sein Gesicht war so rot wie der Wein. Man wußte nicht, ob er schlief. Zwar ging sein Atem schwer, und seine Augen waren geschlossen. Aber immer, wenn auf der Uferstraße das Brummen eines Automotors anschwoll, dann hoben sich seine dikken Augenlider um Millimeter zu einem aufmerksamen Blinzeln. Verebbte das Motorengeräusch, schlossen sich seine Augen, müde und resigniert.

Und so schauten die Frauen bei jedem Motorengeräusch auf den Maresciallo. Schauten auf seine schmalen Augenschlitze, als wären sie Tore ewiger Hoffnung. Wenn sich die Augen des Maresciallo schlossen, dann fielen die Tore der Hoffnung zu, sank das Flämmchen der Zuversicht in sich zusammen, verflackerte zur Asche der Hoffnungslosigkeit. Die Frauen beteten, beteten seit Stunden. In ihrer Übermüdung fielen auch sie in kurzen, unerquicklichen Schlaf. Nach Minuten schreckten sie wieder hoch, ängstlich und voll Schuldgefühl. Sie mußten doch ununterbrochen die Madonna anflehen, damit sie die Männer bewahre, erhalte, zurückführe. Wachet und betet ... so heißt es doch. Das immerwährende Gebet ist der Schutz, den sie ihren Männern geben konnten.

»Hörst du, Madonna, wir flehen dich an. Bring unsere Männer zurück. Sie sind groß und stolz, unsere Männer, aber auch schwach und verzweifelt wie Kinder. Sie sind listig und schlau, aber auch dumm und einfältig, einfältig wie Lämmer! Wir kennen die Gedanken unserer Männer nicht. Wir wollen sie auch nicht kennen, wir lieben sie ja, und unsere Liebe braucht kein Erklären und Verstehen. Madonna, du hast deinen großen Sohn ja auch nie verstehen, sondern nur lieben wollen. Madonna, bring die Männer zurück!«

Wieder schwoll Motorengebrumm an. Der Maresciallo hob diesmal die Augendeckel nicht um Millimeter, sondern riß sie weit auf. Die Frauen blickten in diese großen, weitgeöffneten Augen, vereint im Schauen, im gemeinsamen Horchen. Ihr Tun war von solcher innerer Kraft, daß es den alten Beltramini aus dem Schlaf weckte. Er taumelte trunken nach vorn zu den Lauschenden. Das Motorengeräusch erstarb. Die Augen der Frauen flehten den Maresciallo an. Der lächelte, Triumph im Blick.

So muß es sein, dachte er, genau so. Jawohl, das Motorengeräusch muß verebben, wenn der Wagen unten am Hafen hält, um den kleinsten Gang einzuschalten, die Uferstraße zu verlassen und sich dann in die engen, krummen Gassen hineinzuschieben, die zur Trattoria führen. Und jetzt muß der Motor aufdröhnen, voll und rund. Der Maresciallo lachte, lachte das Lachen der Zuversicht, der absoluten Gewißheit. Er nickte den Frauen zu. Die verstanden seine lautlose Sprache und eilten mit der Zielstrebigkeit eines Gebirgsbaches hinaus aus der Trattoria, den glasüberdachten Korridor entlang, vorbei an den gestapelten Weinfässern, hinaus auf die Straße.

Porto erwachte. Erwachte von dem starken, vollen Geräusch des schweren Motors, der den Wagen den Hang hinauf durch die Gassen schob. Und die Gassen flüsterten: »Sie sind da ... sie sind wieder da.«

Der weiße Wagen hielt vor der Trattoria. Die Frauen weinten, und die Männer lachten, und das war fast dasselbe. Der dicke Maresciallo stand da und strahlte über das ganze rote Barbera-Gesicht. Strahlte wie Gottvater am siebten Tage: Und siehe, was er getan hatte, war wohlgetan.

Carlos Kommandostimme dröhnte: »Laura, Lina, subito, subito, Brot auf den Tisch und Salami dazu. Schinken aus Parma her, frische Eier. Etwas Wein, Barbera natürlich, nicht viel, ein Literchen oder zwei.«

Die Frauen eilten, die Röcke rauschten, die Hände flogen, zauberten in Minuten einen lombardischen Frühstückstisch.

»Laura«, lachte Carlo, »es war eine gewaltige Nacht.«

»Si, Carlo, si, si«, strahlte Laura, und ihr Gesicht leuchtete wieder und machte die Trattoria hell und weit. Sie war voller Stolz auf ihren Mann, der solche Freunde hatte. Der durch die Nacht davonfuhr und ihr und allen einen solchen Morgen der Wiederkehr bereiten konnte. »Signori«, sagte Laura und nahm Carlos Weinglas, »trinken wir auf unsere Männer.«

»Nein«, ließ sich der alte Beltramini hören, »nein!« Er sagte das energisch und klar, man wußte, hier sprach einer, der vieler Herren Länder gesehen hatte, dem Wort und Urteil zustanden. Auch er nahm sein Glas in die Hand und sagte: »Signori, trinken wir nicht auf die Männer, trinken wir auf die Frauen! Trinken wir auf ein Land, in dem die Frauen wachen und warten, beten und lachen, wenn ihre Männer zurückkommen. Ja, darauf wollen wir trinken, ihr Männer aus Porto am See.«

Zweikampf in Porto

Im alten Palazzo am See, umgeben von einem feierlich-schweigenden Park, lebten seit Jahrhunderten die Barone Santini. Sie führten ihr Geschlecht auf jenen Cavaliere Santini zurück, der Friedrich II. ritterliche Gefolgschaft geleistet hatte, von den welfischen Mailändern verfolgt, auf ungesatteltem Pferd den Lambro durchschwommen hatte, um ihn so sicher ins rettende staufische Cremona zu geleiten.

Das Glück des Hauses Santini war heute die schöne Beatrice, einzige Tochter und Erbin. Ihr Vater, der Baron Alessandro Santini, war vor Adua gefallen, und ihr Bruder, Pietro Santini, als Jagdflieger in den letzten Tagen des Zweiten Weltkrieges. Den lombardischen Adler, so hatten ihn liebevoll seine Soldaten genannt. Und nun ruhten der Ruhm, die Hoffnung und der große Reichtum eines alten Geschlechts auf den Schultern der schönen Beatrice.

Oben in den Bergen lagen die Besitzungen der Berninis. Vor hundert Jahren, aus dem Nirgendwo aufgetaucht, hatten sie sich durch Fleiß, Brutalität und Habgier in den Besitz eines bedeutenden Vermögens gebracht. In den Dörfern und Flecken am See zitterte man vor ihnen, Liebe und Ansehen aber besaßen sie nicht, die galten dem Hause Santini. Sprach man in Porto von den »Signori«, so waren zweifelsfrei die Santini gemeint, sagte man »questi ricchi«, so meinte man die Berninis.

Als Alfonso, der einzige Sohn der Berninis, in der Trattoria della Pace zu nächtlicher Stunde mit seinem Reichtum renommierte, Güter und Liegenschaften, Fabriken und Bankbeteiligungen aufzählte, meinte der schlaue Carlo, Wirt der Trattoria und Stadtphilosoph, solange man seinen Besitz aufzählen könne, sei man nicht wirklich reich, so reich wie die Barone Santini.

Santini, Santini, Santini, so rauschte es in Alfonsos Ohren. Diese Santini, die man kaum in der Öffentlichkeit sah und die doch überall gegenwärtig waren. Die Bernini waren auf jedem Fest, tanzten auf jeder Tenne, ließen sich in jedes Komitee, in jedes Gremium wählen, und die Reaktion der Santini war, das alles nicht wahrzunehmen. Bis eines Tages im August der fünfziger Jahre das alles für eine Lichtstunde zusammenbrach, das laute, anerkennungshungrige Gehabe der Bernini und die kühle Arroganz der Santini.

Als sich zwei Menschen begegneten, an einem heißen Mittag im Gebirge, nahe dem alten Monasterio von Bedero, in der Stunde, da Gott Pan mit seiner Blockflöte durch die Felder und Weingärten streift.

Dort trafen sie sich, Alfonso und Beatrice. Zusammengeführt vom ältesten und erfahrensten

Kuppler der Welt, dem Zufall. Alfonso sah die blonde Aristokratin, die noch in der flirrenden Mittagshitze kühl, frisch und wie dem Bade entstiegen aussah. Beatrice sah Alfonso, den schwarzlockigen, braunäugigen, bäuerlich derben Machtmenschen. Der Mann, der auf sie zutrat, war unaufhaltsam, unausweichlich, wie ein Strom, der über die Ufer tritt. Und da warf die schöne Beatrice ihr ganzes Leben auf diesen Mann, auf seine braunen Augen, auf seinen Willen, auf seine Unwiderstehlichkeit. Sie liebten sich, so wie Gott gewollt hat, daß sich Menschen lieben. Ohne Wenn und Aber, ganz Hingabe, ganz Aufgabe des einen an den anderen. Und da, während sie langsam aus ihrer Liebe erwachten und feststellten, daß unter ihnen noch immer die Erde und über ihnen noch immer der Himmel war, da war Gott Pan mit seiner Flöte weitergegangen, ins Nirgendwohin.

Alfonso, der eben noch ein zeugender Gott, von hinreißender Urgewalt gewesen war, wurde wieder der von Minderwertigkeitskomplexen geschüttelte Parvenü Bernini, für den die Barone Santini ein Vorbild waren, das man nie erreichen konnte und darum beschmutzen und zerstören mußte. Seine Kleider richtend sagte er: »Ich danke Ihnen für Ihre Gunst, Baronessa! Mein Vater hatte doch recht«, fügte er scheinbar nachdenklich hinzu, »wenn er meinte, die Santini hätten ihre Geschlechterfolge durch sieben Jahrhunderte nur dadurch erreicht, daß die Santini-

Frauen vor jedem Bock die Beine breit gemacht hätten, so daß ihre langen Ahnenreihe nichts anderes bedeutet als die ununterbrochene Kette von Bastarden, die die Santini-Frauen ihren gehörnten Männern ins Wochenbett gelegt hatten.«

Die ungeheuerlichen Worte trafen wie kalter Stahl in Beatrices Hirn, pflanzten sich fort, schütteten sich in ihr Blut, erfaßten ihren Leib, der noch süß und warm von Liebe war, und ließen ihn erstarren wie im Krampf. Nach dieser Worttat flüchtete Alfonso wie ein Dieb durch Felder und Weingärten zum väterlichen Gutshof. Dem Vater erzählte er aber mit leuchtenden Augen, daß er die Baronessa genommen habe, genommen wie eine Bauerndirne. Jetzt müßten sie ja kommen, die stolzen Santini, damit die Bernini sie durch eine Heirat wieder ehrbar machten.

Nach einigen Wochen starb der alte Bernini und hielt in seinen letzten Minuten die Hand des Sohnes und stammelte: »Er hat sie genommen wie eine Bauerndirne, wie eine Bauerndirne, jetzt müssen sie kommen, die Santini.«

Aber die Santini kamen nicht. Die Baronessa lebte einsam und still mit ihrer Mutter im großen Palazzo am See. Ihre Tränen weinte sie in der Nacht oder in der Stille ihrer verschwiegenen Gärten. Aber als sie merkte, daß sie guter Hoffnung war, weinte sie nicht mehr und beschloß, das Kind, das sie empfangen hatte, auszutragen und dem Leben zu geben.

Den Augen der Frauen von Porto am See blieb es nicht verborgen. Madonna, heilige Caterina del Sasso! Die Baronessa schwanger! Hat man solches je schon gehört. Eine Santini und ein uneheliches Kind! Und kein Kindsvater weit und breit. Und sie läßt es sich nicht wegmachen. Bei dem vielen Geld. Für eine Santini gibt es Ärzte in Mailand, in der Schweiz oder auch in England ... Aber nein, die Baronessa ging durch die Alleen am See, durch die Winkel und Gassen von Porto. Aufrecht trug sie ihren hochgewölbten Leib, aufrecht und stolz, so wie ihr Urahn die staufische Kaiserstandarte von Federico Secondo getragen hatte.

Für die Frauen von Porto wurde die Schwangerschaft der Baronessa zum Miterlebnis. Da war also eine von ihnen, eine Hochgestellte, der das passierte, was vielen Frauen und Mädchen aus dem Volk passiert. Einen Augenblick hat sie die Liebe über die Vernunft gestellt, hat sich dem Gefühl, dem Herzen ergeben. Und nun trägt sie die Last einer unehelichen Schwangerschaft.

Aber die Baronessa empfand das nicht als Last. Die Baronessa zeigte den Frauen von Porto am See, daß Mutterschaft immer Glück ist. Ein jedes Kind auf der Welt ist Glück. Ob arm, ob reich, ob ehelich oder nicht, ein Kind ist Hoffnung, ist Anbeginn, ist Neubeginn, und darum darf jede Frau stolz sein, die ein Kind trägt. Die Schwangerschaft der Baronessa machte alle Frauen in Porto ein bißchen freier, selbstbewußter, und es war, als ob sie den Kopf ein wenig höher trügen. Und als an einem Frühlingstag im März, der Lago Maggiore strahlte im frühen Schmuck des Frühlings, die Baronessa ihr Kind gebar, einen Knaben, der Alessandro heißen sollte, da nannten die Frauen von Porto das Kind der Baronessa »das Kind von Porto«.

Der junge Baron Alessandro Santini war akzeptiert. Nur Tonio, ein großmäuliger Fischer aus dem Gefolge der Bernini, schwadronierte noch nach Monaten im Rotweinrausch: »Eine Nutte ist eine Nutte, ob adelig oder bürgerlich, und wenn eine Frau ein uneheliches Bastardkind bekommt, dann ist sie eine Nutte. Basta finito.«

Da passierte es dann eben, daß am anderen Tag das Brett, das dem großmäuligen Tonio als Steg zu seinem Boot diente, in besonderer Weise präpariert war, so daß Tonio, mitten im November, kopfüber in das Hafenbecken von Porto stürzte. Seltsam war, daß genau um diese Zeit die Frauen von Porto an ihren schmalen Fenstern standen und seinem winterlichen Bad zusahen. Als er dann laut fluchend das Ufer erreicht hatte, da lachten die Frauen von Porto. Aus allen Zimmern, aus allen Fenstern, aus allen Gassen und Winkeln drang kicherndes Lachen.

Und als gar zwei Tage später im *Corriere del Lago* eine Notiz erschien: »Der Fischer Tonio Spondini arbeitet ununterbrochen an der Verbesserung seiner Fangmethoden und hat sich zu diesem Zweck ins winterliche Hafenbecken von

Porto gestürzt«, da lachte der ganze Ort. Da lachten nicht nur die Frauen, da lachten auch die Männer. Die alten Häuser am Hafen lachten, die ehrwürdigen Platanen der Uferstraße, und selbst der See lachte und schickte Tausende kleiner, glucksender Wellen ans Land.

Die Baronessa in ihrem alten Palazzo lächelte auch, dachte nach und schickte dem jungen Redakteur ein Billett, mit dem sie ihn für den folgenden Tag zum Nachmittagstee einlud. Die Baronessa hatte ihren ersten Zug in der Partie gegen Alfonso Bernini eröffnet.

Anderntags zur gegebenen Zeit machte Francesco Rivo, Redakteur und Sohn des Druckers und Herausgebers des *Corriere del Lago,* seinen ersten von vielen, vielen Besuchen im Palazzo Santini. Mit Ehrfurcht betrat er den alten Palazzo, mit Ehrfurcht beugte er sich über die Hand der Baronessa. Diese fand Gefallen an dem schlanken, jungen Mann, der sie in seiner aufrechten Art an ihren toten Bruder erinnerte. Ihr habe die Glosse über den großmäuligen Fischer Tonio gefallen. Das Artikelchen sei mit leichter Hand geschrieben, aber mehr noch als der Stil habe sie die Ritterlichkeit erfreut, um derentwillen die Sache geschrieben worden sei. Wie hoch sei eigentlich die Auflage des *Corriere del Lago?*

»Nun, Baronessa«, bekannte Francesco, »die Auflage ist gering, nicht mehr als achtzehnhundert Exemplare einschließlich derjenigen, die man an Kaffeehäuser und andere Gaststätten kostenlos abgibt, um in der Öffentlichkeit und vor allem vor den wenigen Abonnenten gewichtiger zu erscheinen.« Der Vater und er machten die Zeitung praktisch nach Feierabend, alleine, wenn die anderen Druckarbeiten erledigt seien. Es sei keine Sache des Gewinns, sondern mehr eine Sache des Prestiges.

Die Baronessa stellte viele Fragen. Fragen nach der Maschinenausstattung, dem vorhandenen Satz und den Inserenten. Sie war so sachkundig, daß Francesco erstaunt war. Am Ende des Gesprächs bemerkte die Baronessa, es sei schön, daß Vater und Sohn die Zeitung als eine Sache des Prestiges und nicht des Gewinns betrachteten. Aber das echte Prestige, so sei die Welt nun mal, komme, wenn auch der echte Gewinn sich einstelle. Und Gewinn stelle sich immer dann ein, wenn eine Sache mit der rechten Akribie, dem notwendigen Kapital und der entsprechenden Sachkenntnis betrieben werde. Darum mache die Baronessa den Vorschlag, Francesco solle auf ihre Kosten die Journalistenschule in Mailand besuchen. Das Studium dauere zwei Jahre, und das nächste Semester beginne in einigen Wochen.

Francesco protestierte, er könne das nicht annehmen, diese Verpflichtung sei zu groß. »Nun«, meinte die Baronessa, erfreut über die ehrenhafte Haltung ihres Schützlings, dann könne er später, wenn die Zeitung den notwendigen Gewinn bringe, ihr alles zurückzahlen. Aber Francesco hatte weitere Einwände: Erstens sei eine lokale, nur auf den Lago Maggiore bezogene Zeitung in ihrer Auflagenhöhe begrenzt, und zwei Jahre Journalistenschule in Mailand seien eine zu lange Zeit. Die Baronessa entgegnete, daß die lokale Begrenzung auf den Lago Maggiore sich leicht durch wenige Buchstaben im Titel der Zeitung aufheben ließe. Anstelle *Corriere del Lago* müßte die Zeitung in zwei Jahren *Corriere dei Laghi* heißen. Also anstatt »Seekurier« »Kurier der Seen«.

»Francesco, Sie kennen doch den alten oberitalienischen Traum, die Seen durch ein Kanalsystem zu verbinden. Wenn das heute technisch und kostenmäßig noch nicht möglich ist«, so meinte die Baronessa, »wer soll Sie daran hindern, die oberitalienischen Seen geistig zu verbinden, durch eine Zeitung, die sich zum Sprecher der gesamten Region macht. Und unter diesem Gesichtspunkt ist der Faktor Zeit nichtig. Wer große Ziele hat, der muß in größeren Zeiträumen denken, und bei solchen Zielen geht die Zeit im Fluge vorbei.«

Francesco war fasziniert. Zwar hatte er in solchen Kategorien nicht denken gelernt, aber nun, da ihm solche Möglichkeiten aufgezeigt wurden, erkannte er sie.

Francesco ging nach Mailand, und die zwei Jahre gingen, wie die Baronessa prophezeit hatte, im Fluge vorbei. Mitte der fünfziger Jahre startete der *Corriere dei Laghi* mit einer Auflage von fünftausend Exemplaren unter der Leitung des jungen Chefredakteurs Francesco Rivo. Die Baronessa hatte die neue Zeitung mit den nötigen Geldmitteln versehen. Alle ihr gehörenden Betriebe und Fabriken, aber auch die, an denen sie beteiligt war, stützten durch Inserate das junge Unternehmen. Francesco hatte aus Mailand zwei junge, begabte Redakteure, Absolventen der Mailänder Journalistenschule, mitgebracht und die Zusammenarbeit mit einem hochbegabten Karikaturisten erreicht. In Mailand selbst übernahm einer von Francescos Studienfreunden die Rolle des politischen Korrespondenten, und ein anderer berichtete über das Kulturleben der oberitalienischen Kapitale. So entstand zwischen Mailand und dem Gardasee, dem Comer See und dem Lago Maggiore eine bis dahin nie bestandene Kommunikation. Die Auflage stieg in zwei Jahren auf sechzigtausend, der *Corriere* hatte politischen Einfluß und finanziellen Erfolg, und im Hintergrund dieser Macht stand still und schweigend die Baronessa.

Aber es gab nicht nur Erfolg. Auch Niederlagen mußten hingenommen werden. In Porto gab es neben den Filialen der Großbanken noch eine kleine, aber gutfundierte Privatbank. Ihre Klienten waren Unternehmer und der gehobene Mittelstand der Region. Die Baronessa besaß aus Zeiten ihres Großvaters fünfundzwanzig Prozent der Aktien. So kam es, daß die Leute in

Porto die Bank die Santini-Bank nannten. Die Bernini hatten fünfzehn Prozent des Aktienkapitals, und eines Tages gelang es Alfonso Bernini, durch geschickte und durch Mittelsmänner vorgenommene Aufkäufe weitere sechsunddreißig Prozent der Aktien an sich zu bringen und damit Mehrheitsaktionär und Vorsitzender des Aufsichtsrates und Herr der Bank zu werden. Die Baronessa reagierte, indem sie ihre Aktien verkaufte und sich mit ihren gesamten finanziellen Mitteln bei der »Banco Santo Spirito« engagierte. In dem Direktor der Bank fand sie einen adäquaten Geist und lernte nun auch das internationale Geldgeschäft kennen, so daß dieser scheinbare Sieg des Alfonso in Wahrheit ihr Vermögen, ihre wirtschaftliche Macht und ihr Wissen vermehrte. Sie kümmerte nicht das Gerede Alfonsos und seiner Trabanten, sie seien die Herren der Santini-Bank, denn so nannten sie die Leute am See zu Alfonsos Ärger noch immer. Ende der fünfziger Jahre erwarb die Baronessa die Mehrheitsbeteiligung an einer grenznahen Spielbank. Sie verstand es, die Transaktion so geheim zu halten, daß noch nicht einmal ihr engster Vertrauter, der Chefredakteur Francesco Rivo, davon erfuhr. Die Szene für die Entscheidungsschlacht Santini gegen Bernini war gestellt.

Am Rande sei noch erwähnt, daß Alfonso Bernini den Triumph gehabt hatte, für die Partei der Neofaschisten ins Provinzparlament gewählt zu werden. Aber es war ein bitterer Lorbeer. Zugleich war auf Betreiben der Baronessa der Chefredakteur Francesco Rivo als Vertreter der Democrazia Christiana in das gleiche Gremium gewählt worden. Dieses Parlament wurde zur Bühne der politischen Niederlage des Alfonso Bernini: Hinter Alfonso stand eine zwar mächtige, aber zahlenmäßig kleine Gruppe von Unbelehrbaren, hinter Rivo aber stand die Macht der Democrazia Christiana und der *Corriere dei Laghi* mit einer inzwischen erreichten Auflage von hunderttausend Exemplaren. Und alle Leute am See und an den Seen wußten Bescheid, als Francesco Rivo in einem glänzenden Leitartikel »Die Gnade der Niederlage« schrieb: »Der wirtschaftliche und politische Aufstieg der Bundesrepublik Deutschland ist wohl darin mitbegründet, daß Deutschland den Krieg absolut und bedingungslos verloren hat. So konnten in der Bundesrepublik die unheilvollen Kräfte der Vergangenheit beim Neubau des Staates ausgeschaltet und eine neue und moderne Gesellschaft gegründet werden. Anders in Italien«, führte er weiter aus, »wo diese Zäsur nicht stattgefunden hatte. Italien hat durch seinen Positionswechsel die Niederlage in ihrer ganzen geistigen Konsequenz nicht erlebt, am Ende des Krieges befand sich Italien an der Seite der Sieger. So sind das Gefühl und die Erkenntnis verlorengegangen, daß auch der Faschismus, wie in Deutschland der Nationalsozialismus, das Volk, sich selbst und seine Ideologie in den geistigen und moralischen Bankrott getrieben hatte. So ist es in Italien möglich, daß die, die nichts vergessen, aber auch nichts dazugelernt haben, heute wieder ihre unheilvolle Stimme erheben können.«

Am gleichen Tag, an dem Rivo diesen Artikel geschrieben hatte, hielt er eine stürmisch gefeierte Rede gleichen Inhalts im Parlament. Der Mann des Tages hieß Francesco Rivo! An diesem Abend tranken die Baronessa und Francesco Rivo im alten Palazzo am See Champagner. Über all diesen Plänen, Aktionen und Kämpfen waren ein Dutzend Jahre vergangen. Alessandro Santini, ein aufgeweckter Knabe, ging schon in ein Schweizer Internat. Jeden Samstag holte der Chauffeur der Santini den Knaben heim in den Palazzo. Die Gemeinschaft mit der Mutter, ihre körperliche Nähe, dieses geheimnisvolle Band zwischen Mutter und Kind, aber auch der weitschauende Geist der Baronessa formten den Knaben. Ebenso die Wanderungen am See und ins Gebirge mit dem treuen Freund des Hauses, Francesco Rivo. Aus dem blendenden Journalisten und Parlamentarier war ein engagierter Sozialpolitiker geworden, dessen wacher Verstand die Kluft erkannt hatte, die zwischen den allzu Reichen und den allzu Armen bestand.

»Du mußt verstehen, Alessandro, die soziale Frage ist in Wahrheit die nationale Frage, die über den Bestand des Staates und der Gesellschaft entscheiden wird. Soziale Gerechtigkeit, darum geht es in diesem Land. Schon der heilige Augustinus hat gesagt, daß ›ohne Gerechtigkeit Staaten nichts anderes als große Räuberbanden‹ sind.« Er, so meinte Francesco, sei zwar ein fleißiger Kärrner im Weinberg der Gerechtigkeit, aber er könne immer nur Teilerfolge erringen. Das große Problem könne nur von einem Manne aus den großen Familien des Landes gelöst werden, der selbst zu Gerechtigkeit und Hingabe bereit sei, von einem Santini vielleicht, der die Standarte der Gerechtigkeit aufpflanzen würde, so wie sein Urahn die Kaiserstandarte des Staufers.

Abends erzählte Alessandro mit leuchtenden Augen der Mutter von diesen Gedanken. Und daß Francesco gesagt habe, die soziale Gerechtigkeit ergäbe sich aus dem Liebesauftrag der Bergpredigt ebenso wie aus den Enzykliken der Päpste. Ritterschaft, das sei Schutz der Schwachen und nicht ihre Unterdrückung, aber nicht nur Schutz, sondern auch Hilfe zur Freiheit des Geistes wie der menschlichen Existenz. Der Junge glühte. Die Mutter küßte ihn sanft und wandte sich dann ihrer Arbeit zu. Die Bilanzen der beiden Zementfabriken der Santini waren zu prüfen.

»Warum mußt du immer arbeiten, Mutter?« fragte der Junge.

Die Baronessa lächelte: »Damit du, mein lieber Ritter der Gerechtigkeit, später recht viel zu verteilen hast.«

Wenige Tage später bestellte die Baronessa den Direktor der Spielbank zu sich. »Signore«, eröffnete sie ihm, »ich habe einige Ideen, die ich Sie zu realisieren bitte.« Eine Liste sei zu erstellen von hundert der angesehensten Bürger der Region, deren Bonität über jeden Zweifel erhaben sei. Diesen sei eine »carta d'onore« zuzusenden, die dem namentlich aufgeführten Inhaber einen Spielkredit bei der Spielbank von 100 Millionen Lire gewährte. Die Sache müsse als gesellschaftliches Ereignis aufgezogen und entsprechend publiziert werden. Im übrigen, so verfügte sie, sei dem Cavaliere Alfonso Bernini eine solche Karte zu übermitteln.

Wenige Wochen später berichtete der *Corriere dei Laghi* von diesem Ereignis, das der Spielbank neuen, ungeahnten Auftrieb gab. Das Kalkül der Baronessa, die »carta d'honore« gleichsam als Auszeichnung zu vergeben und so der Eitelkeit und dem Geltungsbedürfnis italienischer Männer zu schmeicheln, ging auf.

Auch Alfonso Bernini trieb es zu den Spieltischen. Und als er in einer der ersten Nächte phantastische 80 Millionen Lire gewann (es ging später das Gerücht um, die Baronessa habe auch dafür gesorgt), war er dem Spielteufel restlos verfallen. Nach sechs Monaten war sein immenser Gewinn nicht nur wieder verspielt, sondern auch der 100-Millionen-Kredit der »carta d'honore«. Der Spielbankdirektor fragte an, was nun zu tun sei. Die Baronessa beauftragte ihn, er solle sich von Alfonso Sichtwechsel über die 100 Millionen ausstellen lassen und ihm dann noch einmal einen 100-Millionen-Kredit gewähren. Der Spielbankdirektor machte Einwände: »Ein eminenter Betrag, Baronessa«, gab er zu bedenken. »Tun Sie, was ich Ihnen aufgetragen habe«, sagte die Baronessa kühl. Und so geschah es auch.

Alfonso renommierte und erklärte jedem, der es hören wollte, er sei ein Mann mit unbeschränktem Kredit. Auf ihn könne man Häuser bauen. Aber er sei auch ein Mann mit Glück. Er werde die Bank noch sprengen. Er habe schon einmal achtzig Millionen gewonnen, und der Tag werde kommen, an dem er diesen Erfolg vervielfachen werde. Tatsächlich hatte Alfonso wieder eine Glückssträhne. Zwar nicht so groß, wie er in seiner Renommiersucht prophezeit hatte, aber immerhin so viel, um die Leidenschaft seines Spielerwahns glühend zu halten.

An einem Spätnachmittag bat Francesco Rivo darum, von der Baronessa empfangen zu werden.

»Baronessa«, so Francesco, »ich stehe vor einer schweren Entscheidung. Man hat mir die Präsidentschaft der staatlichen Bankenaufsichtsbehörde angeboten. Einesteils bin ich von ganzem Herzen Journalist, andererseits aber reizt mich auch diese administrative Aufgabe.«

Die Baronessa meinte nach längerem Nachdenken, Francesco sei ja als Politiker ein junger Mann, und seine Zukunft liege noch vor ihm. Wer in höhere Staatsämter, vielleicht sogar in ein Ministeramt in Rom, aufsteigen wolle, brauche Erfahrung in der Erfüllung exekutiver Staatsaufgaben. Die Präsidentschaft der Bankenaufsicht sei eine glückliche Gelegenheit für einen jungen Politiker, sich zu profilieren. Sein Einfluß in der Zeitung bleibe ihm doch erhalten. Gewiß, den Sitz im Regionalparlament müsse er aufgeben, aber doch nur, um eines Tages auf höherer parlamentarischer Ebene in Rom anzutreten. »Alles in allem«, so die Baronessa, »empfiehlt sich die Annahme der Präsidentschaft.«

Francesco Rivo schloß sich ihrer Argumentation an und saß vier Wochen später auf dem Präsidentenstuhl. Die Baronessa aber sandte einen dankbaren Brief nach Rom an ihren väterlichen und wohlgesinnten Freund, den Direktor der Banco Santo Spirito, dessen weitreichende Verbindungen und diplomatisches Geschick die Karriere des Francesco Rivo lanciert hatten.

Alfonso Bernini aber lief weiter Amok an den Spieltischen der Baronessa. Nach einem halben Jahr rief der Spielbankdirektor bei der Baronessa an, es sei nun soweit, Alfonso Bernini habe nun auch die 100 Millionen der zweiten »carta d'honore« verspielt. Er bitte um Anweisungen. Die Baronessa gab ihre Befehle.

Eine halbe Stunde später teilte der Direktor dem völlig konsternierten Alfonso, der das Ausmaß seiner Verluste nicht mehr übersah und an die Unerschöpflichkeit seines Kredites und seines Glückes glaubte, mit, daß die Spielbank in drei Tagen die von ihm unterschriebenen Sichtwechsel von 200 Millionen präsentieren werde und pünktliche Begleichung der Schuldsumme erwarte. Und langsam dämmerte ihm, daß etwas Unausweichliches, Tödliches auf ihn zukam. Zwar gebrauchte er noch große Worte, wie man es wagen könne, einen Bernini zu nötigen, worauf der Direktor kühl erwiderte, daß von Nötigung keine Rede sei, denn es ginge nur um die längst fällige Bezahlung einer lange gewährten Spielschuld. In drei Tagen sähe man sich wieder.

Und dann geschah ein Wunder. Am dritten Tag zahlte Alfonso Bernini die riesige Schuldsumme von 200 Millionen Lire zurück. Porto am See staunte. Nicht aber die Baronessa. Sie rief den Präsidenten der italienischen Bankenaufsicht, Francesco Rivo, an und bat ihn zum Abendessen. Nach Tisch, beim Mokka, erklärte sie ihm, daß Alfonso Bernini der Spielbank seine Riesenschuld von 200 Millionen zurückbezahlt habe. Und als er sie sprachlos anschaute, meinte sie, es sei wohl an der Zeit, eine sofortige Prüfung der Santini-Bank durch die staatliche Bankenaufsicht durchzuführen.

»Auf einen Verdacht hin?« fragte Francesco.

»Nein, nicht auf einen Verdacht! Wenn ein Mann«, so erklärte die Baronessa, »dessen Besitz hypothekarisch hoch belastet ist, der sich seit anderthalb Jahren, vom Spielteufel besessen, nicht mehr um seine Geschäfte gekümmert hat, innerhalb von zweiundsiebzig Stunden 200 Millionen aufbringt und wenn dieser Mann geschäftsführendes Vorstandsmitglied einer Bank ist, dann dürfte die Prüfung dieser Bank wohl angezeigt sein. Es ist nicht nur eine Sache Ihrer Karriere, Francesco«, warnte die Baronessa, »sondern auch eine Sache der Pflicht.«

Francesco Rivo erfüllte seine Pflicht. Am anderen Tage hielt der betroffene und verwirrte Vorstand der Santini-Bank ein Schreiben in Händen, in dem mitgeteilt wurde, daß am kommenden Tag eine Prüfung der Bank durch die staatliche Bankenaufsicht durchgeführt werde.

Die Baronessa saß an diesem Tage seit dem späten Nachmittag in ihrem Turmzimmer und blickte über den See. Sie sah die Lichter aufglimmen, die Beleuchtungen der Seepromenaden, die Lichter der Dörfer in den Bergen, bis der ganze See erhellt war durch eine leuchtende Lichterperlenkette. Und während sie auf das Ereignis wartete, das sie seit fünfzehn Jahren vorausgeplant und bedacht hatte, gingen ihre Gedanken noch einmal den langen Weg zurück. Noch einmal der Mittag des flirrend heißen Sommertages in den Bergen nahe dem Monasterio, noch einmal die Urgewalt des Bernini, noch einmal das kurze, heiße Mittagsglück der Liebe. Noch einmal die ungeheuerliche Beleidigung, die alles Glück der Liebesstunde in ihr ausbrannte. Die Tränen der Mutter, die am Kummer über die uneheliche Schwangerschaft starb. Sie lächelte, ja, da war Alessandro, um dessentwillen sich alles lohnte. Da war auch die wehmütige Stunde, da sie den

Antrag des getreuen Francesco zurückweisen mußte.

»Nein, Francesco, du bist ein Mann mit Zukunft. Und deine Zukunft liegt in Rom. Und dort kannst du keine Frau mit einem unehelichen Kind gebrauchen. Hier schützt mich mein Name, dort wäre ich eine Belastung. Italien ist noch nicht soweit, so frei, so human, Mutterschaft um ihrer selbst willen anzuerkennen. Mein Schicksal ist es, eine Santini zu bleiben. Und außerdem, Francesco, hast du eine Frau verdient, die leichter lachen kann als ich. Eine Frau, die sich das Herz nicht durch den Haß verdorben hat, eine, die nicht so verwundet ist wie ich. Und dann noch eins, Francesco. Für Alessandro bist du der ›gran' amico‹, der große Freund, fast ein Halbgott, als Stiefvater aber würde er dich nie akzeptieren.«

Das Mädchen meldete den Cavaliere Alfonso Bernini. Und nun begann die Szene, die die Baronessa im Geiste hundertmal durchgespielt hatte. Nun stand er vor ihr, der Mann, der in einer Stunde und mit einer Beleidigung ihr Leben verändert, geformt und beherrscht hatte. Frech und demütig, bittend und fordernd zugleich stammelte er:

»Nur du kannst mir helfen, Beatrice, nur du. Ich habe sonst keinen Menschen, der mir helfen kann. Ich hatte Spielschulden, zweihundert Millionen. Die Spielbank präsentierte die Wechsel. Ich mußte zahlen. Ich hatte das Geld nicht. Ich habe es aus der Santini-Bank entnommen und dafür meine Wechsel hinterlegt. Morgen ist Bankprüfung durch die staatliche Bankaufsicht. Meine Wechsel werden platzen, ich stehe als Defraudant da, es sei denn, du bürgst für mich.«

»Alles, was du sagst, ist mir bekannt, Alfonso«, flüsterte die Baronessa mit fast lautloser Stimme. »Alles.«

In seinen Augen begann Erkenntnis aufzuleuchten. »Alles«, wiederholte er, »du weißt das alles?«

»Aber«, so begann er noch einmal trotzend, »ich bin der Vater deines Sohnes, du kannst mich nicht so untergehen lassen.«

»O nein, Alfonso, der Vater meines Sohnes ist gestorben, nachdem er ihn gezeugt hatte. Gestorben, an einem heißen Sommertag.«

»Dann darf ich dich nicht bitten?«

Die Baronessa schüttelte traurig den Kopf. »Ich werde es nicht tun, Alfonso.«

»Sag mir, was soll ich tun?«

»Nun, Alfonso, du hast mehrere Möglichkeiten, du fliehst ... Ich würde dir 100.000 Lire Reisegeld schenken. Oder du schießt dir eine Kugel in den Kopf, oder du stellst dich, nimmst deine Strafe und lebst als das, was du bist ... als Lump!«

Bernini stürmte hinaus.

Die Baronessa nahm eine Schlaftablette und legte sich zur Ruhe. Als sie am Morgen erwachte, meldete ihr das Mädchen, das ihr das Frühstück brachte, in dieser Nacht habe sich der Cavaliere

Alfonso Bernini erschossen. Als das Mädchen hinausging, legte sich die Baronessa in die Kissen zurück. Nach einer Weile bemerkte sie eine Träne in ihrem Auge. Sie wunderte sich, daß sie noch weinen konnte. Dann wischte sie sie resolut weg.

An diesem Tage rief sie die Banco Santo Spirito an und befahl, Aktienpakete aus ihrem Depot zu verkaufen, und zwar für 200 Millionen Lire. Dafür sollten die Wechsel des Alfonso Bernini übernommen werden. Am nächsten Tage ließ sie die Wechsel den Bernini-Erben präsentieren. Es wurde Zahlungsunfähigkeit festgestellt. Die Baronessa ließ die Güter und Liegenschaften und allen Besitz der Bernini konfiszieren und auf ihren Sohn Alessandro überschreiben und übereignete ihm so sein zwar nicht einklagbares, aber moralisch zustehendes Vatererbe. Einen Tag später wurde der Cavaliere Alfonso Bernini auf dem Bergfriedhof von Porto beerdigt.

Die Baronessa schickte einen großen Kranz.

Das Lombardgeschäft

> Das Lombardgeschäft ist ein
> Aktivgeschäft durch Gewährung
> kurzfristiger Darlehen gegen leicht
> veräußerliche, in ihrem Wert jederzeit
> feststellbare Faustpfänder.
>
> (Brockhaus)

Im Kopf eines jeden Lombarden schlummert der Traum vom großen Geld. Schlummert die Geschichte der großen lombardischen Kompanien. Der Pitti und Grassi, der großen Bankiers aus Siena und Mailand, durch deren Hände einmal der Geldverkehr des Abendlandes lief. Die Herren der lombardischen Kompanien borgten Königen, Päpsten und Kaisern, finanzierten Kriege und Gegenkriege und streckten der abendländischen Ritterschaft die goldenen Soldi vor, um das Heilige Land zu erringen, die Ungläubigen zu züchtigen und die Schätze des Morgenlandes zu erbeuten. Das letztere war besonders wichtig, damit die Rechnungen der lombardischen Gesellschaften aufgingen. Jeder Lombarde träumt diesen Traum vom großen Geld. Auch unser Freund Carlo aus der Trattoria della Pace in Porto am See. Einen solchen Traum träumen heißt nicht, vernünftige Berechnungen anstellen, wie man in seinem Geschäft, in seinem Beruf, durch Ausnutzung aller Chancen, durch Rationalisierung, durch günstigen Einkauf ein Mehr an Gewinn erzielt.

Nein, gemeint ist das schnelle Geld. Das leichte Geld. Geld, das man im Nebenher verdient. Das Geld, von dem die anderen sagen: »Schau diesen Teufelskerl, diesen Carlo aus der Trattoria della Pace, schau, wie dieser Bursche das wieder gefingert hat!«

So ein Geld ist schönes Geld, ist lombardisches Geld, Geld, geboren aus Witz und Verstand. Ecco, es ist klar, wovon wir sprechen!

Seit Tagen saß Carlo schweigsam, ins Dunkel der Trattoria zurückgezogen, durch genau dosierte Mengen roten Barbera in jenen hellsichtigen Zustand gebracht, der dem Geiste Flügel verleiht. Ein Zustand, in dem wir leichter, schneller und richtiger dividieren, multiplizieren und subtrahieren können als im Zustand stumpfer Nüchternheit.

Die Ränder des *Corriere della Sera* waren mit schnell hingeworfenen Berechnungen bedeckt. Carlos Stirn war gekraust, und er bot ein Bild äußerster Konzentration. Die Frauen, die leuchtende Laura und die stille Lina, kannten und achteten diesen Zustand und hielten alle Sorgen dieser Welt von dem sinnenden Manne fern.

Zwischendurch sprang Carlo auf, hüpfte wie

ein Gummiball die Reihe der Tische entlang, sprang die paar Gassen hinunter zum See, atmete tief die klare Luft ein und starrte hinüber zu den Piemonteser Bergen, als sei dort ein geheimer Schatz vergraben. Dann stürzte er, genauso eilig wie er gekommen war, zurück in die Trattoria, labte sich nach der körperlichen Anstrengung mit einem großen Schluck Barbera, blätterte emsig in der Landwirtschaftszeitung und kontrollierte Preise und Marktberichte. Am Nachmittag des dritten Tages ließ die Anspannung dieser den Frauen so wohlbekannten und dennoch nie verstandenen Tätigkeit nach. Der angespannte Mann löste sich jetzt und lächelte. Aber nicht nur sein Mund lächelte, der ganze kugelrunde Mann wurde zu einem Lächeln. Dem Lächeln des Weisen, dem Lächeln des Wissenden in einem Meer von Unwissenheit.

Die Frauen wagten einen scheuen Blick. Aber sie wußten, Carlo würde schweigen. Niemals würde er das Ergebnis seines Rechnens und Planens zwei Frauen mitteilen. Das war Männersache! Gewiß, die Frauen durften zuhören, am Rande stehen und schweigend lauschen, wenn er den Freunden seine Strategie entwickelte. Heute aber würde er warten, bis am Abend der Avvocato käme. Das war kein Fall für krause Bauernhirne, das war ein Fall für akademisch geschulte Köpfe, für feine Denker, die blitzschnell den Vorteil einer guten Sache erkannten. Dann schoß es ihm durch den Kopf: Ich muß den Wein prüfen, denn eine solche Sache braucht einen guten Wein, einen Wein, der klar macht und die Herzen erhebt.

»Laura! Lina!« schallte Carlos rostrote Barberastimme durch die Gewölbe der Trattoria. »Darmi una bottiglia del bucco segreto.«

Das war ein Wort! Wein aus dem geheimen Keller. Aus der goldenen Reserve. Die Frauen wußten Bescheid. Carlo mußte eine große Sache gefunden haben, und er hatte vor, sie mit einem großen Herrn zu besprechen. All dies bedeutete »Wein aus dem besonderen, geheimen Keller«.

Am Abend erschien der Avvocato. Er bekam sofort sein Essen serviert, alles war gut und richtig wie immer. Aber er bemerkte, daß eine entscheidende Veränderung in der Trattoria vor sich gegangen war. Auch an den vergangenen Tagen hatte Carlo darüber gewacht, daß alles nach den Wünschen des Avvocato ging. Hatte sich erkundigt, ob die Spaghetti gut, das Fleisch zart und der Wein zur Zufriedenheit waren. Aber heute abend wurde die Trattoria von einem Carlo geleitet, der von einer geistigen Schwangerschaft entbunden schien. Alles war voller Freude, der Wein war lieblicher und voller. Aller Augen ruhten auf dem Avvocato. Seine Gesten, seine Mienen wurden beobachtet, um seine Wünsche im voraus zu erfüllen.

Nachdem der Avvocato das letzte Stückchen Gorgonzola mit rotem Barbera hinuntergespült und zum Entzücken aller einen kleinen akademischen Rülpser der Zufriedenheit von sich gegeben hatte, bat Carlo – und er brachte all seine angeborene Würde ins Treffen –, der Avvocato möge doch die Freundlichkeit besitzen, mit ihm dort in der hinteren Ecke der Trattoria den Kaffee zu nehmen und eine Flasche Wein zu trinken.

Ein schwerer, voller Rotweinduft lockte vom weißgedeckten Tisch, auf dem außer der »bottiglia del bucco segreto« kleine fritierte Fischlein standen, dazu eine Schale mit Pilzen und kleinen, sauren Maiskolben. An diesem Arrangement erkannte der Avvocato, daß es sich hier um eine ernsthafte und wichtige Angelegenheit handeln mußte. Die Herren prosteten sich zu und probierten den Wein. Sanft lief der Rote in die Kehle, schmeichelte vorher Zunge und Gaumen und erleuchtete ihre Gesichter mit dem Glanz des Genusses. Die Sanftheit des Weines erwärmte sie, erhöhte ihre Sympathie für sich selbst, für den anderen, für die Welt und führte sie ins gelobte Land der Freundschaft und der weitsichtigen Erkenntnisse.

Schmeichelnd tremolierte Carlos Stimme: »Allora Avvocato, darf ich Sie bitten, Ihre Gedanken ein wenig auf die Ideen zu richten, die mich in den letzten Tagen so tief bewegt haben. Ich weiß, es sind kleine Ideen. Sie sind ein Mann der großen Ideen. Aber heute abend, bitte, nur ein Viertelstündchen, hören Sie mir zu.«

Der Avvocato hob zustimmend sein Glas und trank einen Schluck. Carlo wartete noch einen

Augenblick, bis der verehrte Freund den samtenen Nachgeschmack des Weines ausgekostet hatte, und flötete weiter: »Nun, Avvocato, drüben, am anderen Ufer des Sees, sind die Piemontesi. Wir wissen beide, was wir von ihnen zu halten haben. Anmaßend und überheblich – come i prussiani in Germania. Dennoch, trotz dieser Nachteile züchten diese Menschen dort die besten Truthähne Italiens. Ein Jungtier, zwei bis drei Wochen alt, kostet zur Zeit rund 500 Lire. In der Weihnachtszeit aber erzielt man hier auf der lombardischen Seite des Sees für einen fünf bis sechs Kilogramm schweren Truthahn 8.000 Lire. Wenn man von diesen 8.000 Lire 500 Lire Kaufpreis abzieht, dazu 2.000 Lire Fütterungskosten (obwohl dieser Satz viel zu hoch angesetzt ist, aber in Kalkulationen gilt mein Grundsatz: sicher ist sicher), und wenn man zur weiteren Sicherheit für unvorhergesehene Kosten weitere 500 Lire einsetzt, dann ergibt sich pro Truthahn ein Reingewinn von 5.000 Lire. Madonna, das ist doch ein Geschäft, Avvocato! Das heißt, das eingesetzte Kapital in sieben bis acht Monaten verzehnfachen. Und nun, Avvocato, rechnen wir doch einmal: Ich kaufe dreihundert Jungtiere, Kapitaleinsatz 150.000 Lire.« Dann sprudelte es weiter aus ihm: »Aus diesen 150.000 Lire läßt sich innerhalb von sechs bis acht Monaten ein Reingewinn von 1,5 Millionen Lire erzielen. Anderthalb Millionen Lire, Avvocato«, flüsterte er ehrfürchtig, ergriffen von der Präzision seiner Berechnungen. »Und dann, Avvocato, die Kalkulationen! Daran scheiterten die meisten Geschäfte, schlampig und ungenau kalkuliert, aber hier ...« Carlo verkündete wie ein Feldherr die Zahl seiner Reserven und Sicherheitsfaktoren. 600.000 Lire allein für Fütterungs- und Aufzuchtkosten! Diese Zahl sei natürlich zu hoch gegriffen, und darum stecke im ganzen Geschäft noch ein schönes Stückchen Zusatzgewinn. Und dann, Carlos Stimme verkündete den Sieg, vernichtete die Ungläubigen, triumphierte über die Zweifler: »Und dazu eine Sicherheitsreserve von 150.000 Lire! Eine Sicherheitsreserve in der Höhe des Gesamtkaufpreises. Bitte«, so bettelte er, »bitte, Avvocato, zeigen Sie mir ein Loch in meiner Kalkulation.« Und mit der Sicherheit des Gläubigen, der weiß, daß er unwiderlegbar ist: »Bitte, Avvocato, wo ist ein Fehler in meinen Überlegungen?«

Der Avvocato griff zum Weinglas, trank und genoß, schloß die Augen und dachte nach. Er war sich darüber im klaren, daß er eher eine abgeschossene Pistolenkugel zur Umkehr bewegen konnte, als Carlo von seinen Truthähnen abzubringen. Außerdem schienen ihm die Überlegungen des Freundes logisch. Die Schwierigkeiten des Projektes lagen nicht in der Kalkulation, sondern in anderen Bereichen.

Nach einer Weile fragte Carlo mit leiser Stimme: »Nun, Avvocato, wie sehen Sie die Dinge?«

Der Avvocato öffnete die Augen und war sich seiner Rolle als delphisches Orakel bewußt: »Nun, Carlo, deine Überlegungen scheinen mir treffend und deine Berechnungen zuverlässig.«

Carlo atmete auf. Die Sonne der Freude, der Dankbarkeit erleuchtete ihn. Das Wichtigste war doch, daß ein Mann denken kann, logisch, konsequent und klar. Wichtig war, daß die Gedanken stimmten. Und das hatte ihm der Avvocato, der akademisch geschulte Freund, gerade bestätigt.

Der Avvocato fuhr nachdenklich fort: »Dennoch sehe ich einige Schwierigkeiten. Zum Beispiel in der Tatsache, daß du kein Geflügelzüchter bist.«

»Aber Avvocato«, Mitleid lag in Carlos Stimme, »Avvocato, bei aller Hochachtung, gestatten Sie den Einwand, Sie sind ein Stadtmensch. Wir Leute von Porto wissen genug von der Geflügelzucht, um dreihundert Truthähne aufzuziehen.«

Der Avvocato nahm den Einwand hin. »Nun weiter, Carlo, für dreihundert Truthähne ist ein gewisser Arbeitsaufwand notwendig.«

Carlos Stimme troff von Selbstzufriedenheit: »Avvocato, in meinem Hause sind genug Menschen, die arbeiten können und arbeiten wollen.« Carlos Auge ruhte wohlgefällig auf der müden Laura, die jetzt, nach einem fünfzehnstündigen Arbeitstag, die Weingläser polierte und von der kleinen Lina darin assistiert wurde.

»Nein«, sagte Carlo fest, »an Arbeitskräften ist kein Mangel.«

»Dann wäre die Frage der Lokalität. Dreihundert Truthähne brauchen Auslauf und Bewegung«, gab der Avvocato zu bedenken.

»Aber Avvocato, das ist wirklich kein Problem, wo ich doch oben auf Ticinallo das schöne Grundstück habe. Sechstausend Quadratmeter bestes Weideland.«

Der Avvocato zuckte schmerzlich zusammen. Auf diesem schönen Grundstück stand nämlich ein Haus. Dieses Haus, ein schöner, moderner Bau, gehörte Carlo. Und Carlo hatte dieses Haus an den Avvocato vermietet und es ihm damals angepriesen als einen Hort der Ruhe, Erholung und Entspannung. Nun sah der Avvocato ein Leben vor sich, umgeben von dreihundert Truthähnen.

Aber nun kam Carlos rhetorische Meisterleistung: Der Avvocato möge doch kein so bedenkliches Gesicht machen. Die dreihundert Truthähne würden ihn doch gar nicht stören. Des Avvocatos Blick war voller Zweifel. »Denn«, so fuhr Carlo unbekümmert fort, »Hühner gackern, Enten und Gänse schnattern ... aber Truthühner, nun ...?«

Der Avvocato suchte nach einem passenden Wort und fand es nicht. Das sei es eben, triumphierte Carlo. Truthähne und Truthühner seien stille Tiere, die höchstens mal ein kleines Krächzen von sich gäben, quasi Tiere, die man kaum bemerke. Darum eben sei sein Plan so perfekt. Niemals käme er auf die Idee, Hühner, Enten oder Gänse, solch laute, lärmende Tiere, anzuschaffen. Die Ruhe seines Freundes, des verehrten Avvocato, sei ihm heilig. Ein bedeutender Mann wie der Avvocato brauche Ruhe, um seine Gedanken fassen und formen zu können, und diese Ruhe würde durch die Truttiere nicht gestört. Vielmehr seien sie ein heiterer Anblick, der das Herz erfreue. Die großen Herren in Mailand hielten sich solche Tiere in ihren Parks nur wegen der Schönheit. Und der Avvocato, sein verehrter Freund, bekäme gleich dreihundert.

Der späte Abend, die vielen Flaschen Rotwein aus dem »bucco segreto«, Carlos unerschütterliche Rhetorik hatten den Avvocato weder überzeugt noch zermürbt. Doch jetzt war in ihm eine Neugier wach geworden, wie sie ein Abenteurer empfindet, wenn er die Reise ins Ungewisse antritt. Ja, der Avvocato erklärte sich sogar bereit, mit nach Piemont zu fahren, um auf dem berühmten Viehmarkt in Oleggio den Ankauf der glückbringenden Truthähne zu erleben.

Inzwischen traf Carlo seine Vorbereitungen. Tino der Schmied, der im vorigen Jahr Porto in Aufregung versetzt hatte, als er sich einen schneeweißen Alfa Romeo gekauft, aber dann nach wenigen Monaten in einen Fiat-Kombiwagen umgetauscht hatte, weil sich kunstvolle Gitter und geschmiedete Portale in solch einem Fahrzeug doch besser transportieren ließen als auf den roten Luxuspolstern eines schneeweißen Alfa Romeo, dieser Tino – er hieß immer noch »Tino mit dem Alfa« – erklärte sich bereit, mit seinem Fiat-Kombi den Transport der dreihundert zu übernehmen.

An einem Morgen im Mai zog man los. Eine zarte Sonne streichelte den See, und die Luft war leicht, prickelnd und herzerhebend wie guter Champagner.

Tino war mit seinem Kombi schon vorausgefahren. Der Avvocato hielt mit seinem großen Americano vor der Trattoria. Laura, in ihrem schönsten Kleid, das blauschwarze Haar zur Krone aufgesteckt, mit dem schönsten und hellsten Lächeln im Gesicht, stieg in den Wagen ein, und der Avvocato öffnete ihr galant den Wagenschlag. Die junge Frau aus Porto am See, deren Leben sich zwischen einer ölgeschwängerten Küche und dem Weinausschank der Trattoria abspielte, nahm die ungewohnte Höflichkeit mit so schöner fraulicher Würde entgegen, wie Giotto, Raffael, Michelangelo und alle die großen Meister vom Bildnis des Menschen sie dem Lande zum Zeichen gesetzt hatten. Carlo hüpfte in den Wagen, neben den Avvocato, triumphierend, als gehöre das schöne Fahrzeug ihm. Der See glitt an ihnen vorbei, und das Gefühl, etwas Neues, Ungewohntes zu unternehmen, bewegte sie.

Nach zwei Stunden war Oleggio erreicht, und

selbst Blinde und Taube hätten gemerkt, daß hier der großeViehmarkt war. Es roch nach Ziegen und Böcken, nach Eseln und Schweinen, nach Pferden und Kühen. Das schnatterte, gackerte, blökte, wieherte, muhte, bellte, kikerikiete und jaulte und umfaßte die ganzeTonleiter der Kreatur. Carlo sprang in dieses Getümmel hinein, als sei dieser Markt seine große Bestimmung. Er handelte, feilschte, lächelte mitleidig, winkte ab. Wägte, verwarf und entschied. Nach einer guten Stunde kaufte er schließlich dreihundert Truthähne (Tacchini, wie die Tiere hierzulande genannt werden). Kurz vor dem Handschlag, der den Kauf perfekt machte, trat er vom Kauf zurück und preßte dem piemontesischen Züchter noch sechsTauben als Zugabe ab.

Die Truthähnchen waren in Spankisten zu fünfundzwanzig Stück verpackt, und Tino lud die zitternde, quiekende Last in seinen Kombiwagen. Aber trotz allen Sortierens und Stapelns wollte ein Spankästchen nicht mehr in Tinos Kombi passen, ebenso die sechsTauben, die keinen Behälter hatten und nur an den Füßen mit einem starken Gummiband zusammengebunden waren. Der Avvocato erklärte sich großzügig bereit, den Spankasten mit fünfundzwanzigTacchini und die sechs Tauben im Kofferraum seines großen Americano unterzubringen.

Froh, wie man gekommen war, fuhr man zurück. Carlo schwelgte in dem Hochgefühl, außer dem günstigen Einkaufspreis dem Piemontesen die sechs Tauben abgerungen zu haben. Unterwegs fand der Avvocato, einen solchen Tag müsse man feiern, und lud in Varallo Pombia zu einem Sektfrühstück ein. Der Wirt des Ristorante del Castello, eines berühmten Feinschmeckerlokals, richtete trotz der frühen Stunde ein delikates Mahl an. Tino der Schmied, der am Straßenrand den parkenden Wagen des Avvocato sah, hielt seinen Fiat-Kombi mit zweihundertfünfundsiebzig quiekenden Truthähnchen an und fragte besorgt, ob es etwas Besonderes gäbe. Natürlich gab es nichts Besonderes, aber Tino saß wenige Minuten später mit am Tisch.

Bei Asti Spumante und feinem geräuchertem Schinken, der in Olivenöl mit Salbei und Rosmarin eingelegt war, erklärte Tino dem Avvocato, welche Reparatur er vor wenigen Tagen an dessen Wagen vorgenommen hatte. Das Kofferraumschloß sei in Ordnung, und der Kofferraum selbst schließe jetzt wieder, wie es sich gehöre, luftdicht ab. Alle nickten befriedigt ob dieser Kunde, auch Carlo, der seiner Befriedigung mit einem Schluck Spumante Nachdruck verlieh. Dann aber fuhr der Blitzstrahl der Erkenntnis über das Gesicht des Mannes. Der Spumante kam in die falsche Kehle, und der hustende, röchelnde Carlo stammelte: »Madonna, Madonna, luftdicht ... luftdicht ... die Tacchini ... die Tauben ... luftdicht ..« Und dann rannte er, immer noch hustend und röchelnd, zum Ausgang, gefolgt von einem verwirrten Tino und einem die Katastrophe ahnenden Avvocato. Am Wagen angelangt, riß Carlo den Kofferraumdeckel hoch. Ein bestialischer Gestank schlug ihm entgegen. Die fünfundzwanzig Truthähnchen hatten in der letzten Sekunde ihres jungen Lebens, bevor sie erstickten, wie alle Kreatur noch einmal den Darm entleert. Die Männer schauten entsetzt in den Kofferraum, sie schauten in ein Massengrab. Nur in den Tauben schien noch eine Spur Leben zu sein. Der Avvocato, tierlieb wie immer, streifte ihnen die Gummifesseln ab.

Dann schrie Carlo wie ein Feldherr, der seine wankenden Truppen noch einmal zum Angriff treiben will: »Es ist noch nicht alles verloren, Tischtücher her aus dem Ristorante, wir fächeln Luft in den Kofferraum!«

Mochte diese Anordnung auch unsinnig erscheinen, die drei Männer stürzten ins Ristorante zurück, rissen gemeinsam, ohne den verstörten Wirt zu beachten, die Tischtücher von den Tischen. Dann stürmten sie zurück zum Wagen, rechtzeitig genug, um zu sehen, wie sich die Tauben, die wesentlich älter als die Tacchini waren und sich darum schneller von der Sauerstoffnot erholt hatten, in die frische Morgenluft erhoben und davonflogen. Carlo ächzte unter diesem Schlag. Dann aber fächelten alle wie besessen mit ihren Tischtüchern frische Luft in den Kofferraum, sahen aber bald die Vergeblichkeit ihres Tuns ein und schauten auf Carlo. Seine Niedergeschlagenheit, seine Verstörtheit verschwanden. Dann erhellte ein kleines Lächeln sein Gesicht. Das Lächeln erblühte und wurde zum strahlenden Lachen des Siegers.

»Ecco Signori«, lachte er, »ein Exempel, nichts weiter als ein Exempel für die Richtigkeit meiner Berechnungen. Dieser Verlust der fünfundzwanzig Tacchini trifft uns nicht. Er spielt bei meinen Kalkulationen keine Rolle. Der Reingewinn wird nicht geschmälert. Fünfundzwanzig Tacchini kosten 12.500 Lire. Die sind reichlich gedeckt aus dem Sicherheitsfonds von 150.000 Lire. Ihr seht, Freunde, wie unangreifbar meine Kalkulationen sind. Und jetzt, Laura, wirf die toten Tiere aus dem Auto und mach den Kofferraum sauber und wisch die ganze Scheiße raus. Hol dir, was du brauchst, aus dem Ristorante.«
Und zum Avvocato gewandt, sagte er: »Sehen Sie, Avvocato, zwei Dinge sind wichtig: richtig zu kalkulieren und immer eine Frau zur Hand zu haben.«

»Und die Tauben?« bohrte der Avvocato.

»Aber Signore«, entrüstete sich Carlo nicht ohne Schärfe in der Stimme, »wollte ich Truthähne züchten oder Tauben?«

»Truthähne«, sagte der Avvocato wahrheitsgemäß.

»Sehen Sie«, lächelte Carlo und entließ die Tauben in den Himmel und in die Weite seines Herzens.

In den folgenden Tagen hatte der Avvocato reichlich Gelegenheit, Carlos Vorausschau bestätigt zu finden. In der Tat, Truthähnchen gackern nicht und schnattern auch nicht wie Gänse. Aber die Luft war erfüllt vom Piepen der Jungtiere, als gäben die Zikaden ganz Italiens sich ein Stelldichein am Ticinallo. Ansonsten verliefen die ersten Tage ohne jeden Zwischenfall. Die Frauen, Laura und Lina, erschienen zweimal am Tage und fütterten die Tiere.

Der dritte Tag brachte die Wende. Eines jener tropischen Tessin-Gewitter ballte sich über Ticinallo zusammen und entlud sich mit elementarer Wucht. Unter Donnergrollen und jähem Blitzen peitschten walnußgroße Hagelkörner und gewaltige Wassermassen so schnell vom sturmzerfetzten Himmel hernieder, daß die trockene Erde sie gar nicht aufnehmen konnte. Rasch bildeten sich kleine Seen und Tümpel. Jedoch so schnell, wie das Gewitter gekommen war, so schnell war es auch wieder vorbei. Zufrieden schaute der Avvocato durch das Fenster zum aufklarenden Himmel.

Aber als er seinen Blick zu Boden senkte, sah er ein Bild des Jammers! Wie kleine weiße Blumen über die Wiese zerstreut, lagen vierzig bis fünfzig junge Truthähnchen vom Hagel erschlagen oder von den Gewitterseen ertränkt. Sekunden später saß der Avvocato im Wagen und brauste die schmale Straße von Ticinallo hinab, hinunter nach Porto in die Trattoria. Dort saß ein frohgemuter Carlo, der gewissenhaft seiner Berufspflicht nachging, eine neue Sendung Wein zu probieren. »Sera, sera, Avvocato, entra, entra ...«, tremolierte er und schleppte den besten Stuhl für den Avvocato herbei. Der aber blieb stehen, schaute von seiner imposanten Höhe auf den kleinen, runden Carlo hinunter und trieb seine Worte wie einen blanken Dolch in den feisten Wanst des Dicken: »Fünfzig Truthähnchen sind vom Hagel erschlagen oder im Unwetter ertrunken. Und warum? Weil du großartiger Geflügelzüchter und Kalkulator an alles gedacht hast, nur nicht an einen Stall. Asino«, sagte der Avvocato, und noch einmal: »Asino«, ging hinaus und fuhr zum Ticinallo zurück.

Der Avvocato war bitterböse, denn er war ein Freund aller Tiere, aller Schwachen und Hilflosen, und darum war er wohl auch Carlos Freund.

Eine halbe Stunde später sah der Avvocato eine seltsame Prozession von Porto her den schmalen Weg zum Ticinallo hinaufwandeln. Vier Tische wankten den Berg hinan, und erst beim genauen Hinschauen sah man, daß unter den Tischen Menschenbeine daherstolperten. Als diese abstruse Karawane den Ticinallo erreicht hatte, just in dieser Minute brausten Carlo und Tino der Schmied mit dem Fiat-Kombi heran und luden eine große Rolle Maschendraht aus dem Wagen. Zufrieden schaute Carlo auf Laura und Lina und zwei weitere Frauen aus Porto, die mit den Tischen den Ticinallo hinaufgewankt waren.

»Brave donne«, sagte er anerkennend, und dann weiter im gewohnten Befehlston: »Und nun schnell, tragt die Tische in den hinteren Teil des Gartens und stellt sie sauber im Karree zusammen.« Und zu dem staunenden Avvocato gewandt: »Sie werden sehen, wie schnell so ein Asino einen Stall hinzaubert.«

Und tatsächlich, Tino der Schmied wand rasch den mitgebrachten Maschendraht um die Tischbeine, und im Nu war aus dem Geviert der Tische ein provisorischer Stall entstanden. Und da es sowieso Abend werden wollte, begann nun ein großes Treiben und Jagen, um die Truthähnchen in den Stall oder besser: »unter den Schutz der Tische« zu treiben. Der Avvocato sah dem allen mit verschränkten Armen zu und zählte indes schweigend die Zahl der ertränkten und erschlagenen Tierchen. Und als der stolze Stallerbauer Carlo ihn fragte: »Nun, Avvocato, was sagen Sie nun? Sie sehen, daß wir Leute von Porto schnell reagieren können«, antwortete er:

»Carlo, hier liegen sechzig tote Tierchen, mit den erstickten fünfundzwanzig sind das fünfundachtzig. Fast ein Drittel deines Bestandes. Ein Kompliment muß man dir machen. Du variierst wenigstens die Todesarten.«

»Aber Avvocato«, konterte Carlo, »seien wir gerecht, bin ich der Herr der Welt? Wollen Sie mich für ein Unwetter verantwortlich machen? Entscheidend ist doch, daß meine Kalkulation stimmt, wir haben noch einen Sicherheitsfonds von 150.000 Lire. Und diese fünfundachtzig Tierchen kosten nur 42.500 Lire. Der Gewinn ist nicht geschmälert. Meine Berechnungen stimmen.« Und dann, mit der Nachsicht und Milde eines fürstlichen Beichtvaters: »Mit Unglück und Schicksalsschlägen muß man eben fertig werden. Wir haben getan, was wir konnten. Haben in kürzester Zeit einen Stall gebaut und sind nun gesichert.«

»Carlo«, erwiderte der Avvocato, und auch seine Stimme war freundlich, aber es war eher die Freundlichkeit eines Nervenarztes bei besonders schweren Fällen, »Carlo, erstens ist der Tod von fünfundachtzig Tierchen eine Schweinerei, die einem richtigen Züchter nie passiert wäre. Zweitens bedeutet der Tod dieser Tacchini laut deinen eigenen Berechnungen eine Gewinnschmälerung von 42.500 Lire. Und, lieber Freund, dein Sicherheitsfonds basiert doch auf der Annahme, daß du zu Weihnachten dreihundert Truthähne verkaufen kannst. Und letztlich stehen in deinem berühmten provisorischen Stall die überlebenden Tierchen so eng beieinander, daß ich das Schlimmste befürchte.« Sprach's und ging verärgert ins Haus.

Er hörte nicht mehr den lamentierenden Carlo, der immer wieder beteuerte, sie, die Leute vom Land, wüßten doch, wie gerne die Tiere eng beieinander stehen. Wie wichtig diese Nähe geradezu sei, auch wenn die Nächte langsam wärmer würden. Aber wie sollte ein gelehrter Stadtmensch wie der Avvocato solch einfache, ländliche Dinge verstehen.

Am anderen Morgen, der Avvocato hatte gefrühstückt und wollte in sein Büro fahren, packte ihn das Mitleid mit den zusammengepferchten Tieren. Darum ging er zu dem provisorischen Stall, schob ein Stück Maschendraht zur Seite, damit die Truthähne ins Freie konnten. Wie eine weiße Schaumwolke stürzten die Tierchen ins Freie, aber einige blieben nur eine Sekunde stehen und fielen dann still zur Seite. Der Avvocato überflog die Opfer der qualvollen, fürchterlichen Enge. Fünfundzwanzig an der Zahl.

Obwohl ein Gerichtstermin drängte, fuhr der Avvocato an der Trattoria vorbei, öffnete die Tür und rief mit Donnerstimme: »Weitere fünfundzwanzig Tote!« Dann machte er sich auf, um seine Termine wahrzunehmen.

In der nächsten Nacht starben in dem überfüllten Stall weitere zwanzig Truthähnchen. Dann hörte das Sterben auf. Die Frage der Überfüllung hatte sich durch den Tod der Überzähligen geregelt. Ein schönes Beispiel, wie die Natur sich zu helfen weiß. Außerdem, sei es dank eigener Erkenntnis, sei es, daß der Grimm des Avvocato schwer auf Carlo lastete, hatte er durch die Frauen weitere vier Tische auf den Ticinallo tragen lassen und den Stall, oder sagen wir das Gefängnis, so erweitert, daß auch bei einem Größerwerden der Tiere nicht mehr mit einem Massensterben zu rechnen war.

Die Aktion der Stallerweiterung hatte auch auf den Avvocato besänftigend gewirkt, und Carlo war bald wieder obenauf. Er spielte meisterhaft seine Rolle als kluger und überlegener Padrone der Trattoria. Überall verkündete er, welch gutes Geschäft die ganze Angelegenheit sei und daß man trotz schwerer Schicksalsschläge die Sache mit einer knappen Million Gewinn beenden werde.

Es folgte eine Periode reinsten Züchterglücks. Die Truthähnchen gediehen prächtig, wurden groß und stark, mit roten Kämmen und schweren Gehängen. Der Gewinn war greifbar nahe. Carlo verhandelte schon allerorten wegen preisgünstiger Maronen. Denn mit Maronen gefütterte Truthähne haben ein besonders zartes und wohlschmeckendes Fleisch. Interessenten hatten sich reichlich gemeldet, und der Verkauf schien gesichert.

Es war an einem Morgen im späten Oktober. Der Avvocato wollte sich gerade zum Frühstück setzen, aber wie gewohnt warf er zuerst einen Blick auf den provisorischen Geflügelstall, und es verschlug ihm den Atem: Er erblickte ein Schlachtfeld. Ein Fuchs, ein Iltis, ein Marder oder ein Wolf, gleich welches Untier, war in den Stall eingebrochen. Die Truthähne in ihrer Todesangst hatten den Maschendraht aufgerissen und waren ins Freie geflüchtet. Hier hatte der Mörder gewütet, gebissen, geschlagen. Der Boden war mit zerfetzten Tierleichen bedeckt.

Wieder jagte der Avvocato die enge Straße nach Porto hinunter, die schlimme Nachricht zu überbringen. Der Jammer war groß. Die Frauen weinten, und Carlo jammerte: »Das war nicht zu berechnen, das war nicht kalkulierbar.«

Abends, nach einem harten Arbeitstag, kam der Avvocato in die Trattoria. Alle Freunde Carlos waren versammelt, Tino der Schmied, der dicke Maresciallo, der hagere Capitano und der alte Beltramini, das große Unglück zu besprechen. Mancherlei Mutmaßungen wurden angestellt, welches Untier dieses Blutbad angerichtet haben könnte. Diesbezügliche Geschichten wurden erzählt, eigene Erfahrungen, aber auch die der Eltern und Großeltern ausgetauscht. Dabei wurde viel Wein getrunken, sehr viel Wein, roter Barbera. Dem Avvocato blieb die unangenehme Frage vorbehalten, was Carlo zu tun gedenke, um weiteres Unglück zu verhindern. In dieser Stunde erwies sich Carlo als standhafter Lombarde. Er jammerte und klagte nicht, suchte keine Ausflüchte. Mit fester Stimme erklärte er: »Avvocato, es ist allgemein bekannt, daß sich ein solches Unglück nicht zweimal an gleicher Stelle vollzieht. Diese Art Bestien sind wandernde Räuber, die nie mehr an den Tatort zurückkehren.« Nun, nachdem das Unglück geschehen sei, könne man unbesorgt sein. Noch niemals, niemals habe man am Lago Maggiore vernommen, daß sich so ein Gemetzel am gleichen Ort wiederholt hätte.

Darauf erwiderte der Avvocato: »Carlo, vielleicht liegt das daran, daß jeder Vernünftige, dem solches Unglück widerfährt, seinen Stall so gut absichert, daß kein Raubzeug mehr einbrechen kann. Aber ... das ist vielleicht zu simpel.«

»Nein, Avvocato, nein, nein«, rief Carlo. »Wir sind zwar einfache Leute hier, aber wir haben Erfahrungen, eigene und die der Eltern und Voreltern. Man kann nicht alles mit nüchterner Logik messen. Erfahrungen haben auch ihr Gewicht.«

Es wurde noch lange diskutiert. Es wurde noch manche Flasche Wein getrunken. Es war spät in der Nacht, als sich der Avvocato, vollgestopft mit Carlos Argumenten und voll des guten Weins, ins Bett legte.

Der Rest ist schnell erzählt: Am anderen Morgen wurde der Avvocato durch Schreien und Wehklagen geweckt. Carlo und seine Frauen rangen im Garten die Hände und sahen das gleiche schreckliche Bild, das den Avvocato am Morgen zuvor so verstört hatte. Wieder war der Garten eine Walstatt, mit zerfetzten Tieren bedeckt. Das Mordtier war wiedergekommen. Allen geheiligten Erfahrungen Carlos, seiner Eltern und Voreltern zum Trotz. Die Bestie schien mehr den rationalistischen Gedankengängen des Avvocato anzuhängen, der am Abend zuvor geäußert hatte, daß jedes Lebewesen gern dorthin zurückkomme, wo es leicht, ungehindert und ausreichend Nahrung finde. Das sei übrigens auch der Grund, warum er allabendlich in die Trattoria della Pace einkehre.

Die nächsten Tage schien Carlo ein geschlagener Mann zu sein. Der Geflügelstall am Ticinallo wurde aufgelöst, zwanzig Truthähne für die kurze Zeit bis Weihnachten im Innenhof der Trattoria untergebracht. Zwar stank jetzt die ganze Trattoria nach Truthahnmist, aber feine Nasen rochen doch, daß der Rotweinduft dominierte. Die restlichen Truttiere wurden sicher im Stalle des Bauern Fellini untergebracht, für wenige Tage nur, so hatte Carlo versprochen. Dann wolle er eine neue, endgültige Lösung finden. Die Truthähne hatten bei ihm verspielt. Tiere, die jeden Augenblick ersticken, ertrinken, sich vom Hagel erschlagen oder sich begierig von mörderischem Raubzeug umbringen lassen, nein, es war wie bei einer gestorbenen Liebe, aus und vorbei ...

In den nächsten Tagen war er viel unterwegs. Abends blieb er ein schweigsamer Mann, der sein Unglück zu tragen wußte, der aber – und auch das muß gesagt sein – mit Umsicht und Energie bemüht war, aus seiner Niederlage die letzten Bataillone zu retten. Denn es stand mehr auf dem Spiele als Geld. Es ging um Carlos Ruf, ein heller Kopf zu sein.

Und bald erschien Carlo erfüllt von neuer Zuversicht. Er trug so ein gewisses Lächeln, das sagte: »Na, ihr werdet euch alle noch wundern.

Ich werde euch schon zeigen, was für ein Mann Carlo aus der Trattoria della Pace ist.«

Und eines Tages sah der erstaunte Avvocato einen Carlo auf den Ticinallo wandern, der an einem langen Strick einen dicken, fetten Esel führte. Einen Esel mit einem Bauch, so rund wie eine Tonne. Der erstaunte Avvocato eilte in den Garten.

»Was ist denn das nun wieder, Carlo?«

»Ein Esel«, verkündete Carlo stolz.

»Was sollen wir mit einem Esel hier im Garten, Carlo?« insistierte der Avvocato.

»Per la bellezza, avvocato, wegen der Schönheit, Avvocato!«

»Wegen der Schönheit?« staunte der Avvocato und schaute das zottelige, stinkende Grautier an.

»Ja, Esel sind sehr schöne Tiere«, verkündete Carlo. »Sie verleihen jeder Landschaft etwas Bukolisches, friedvoll Gestimmtes. Denken Sie doch, auch unser Herr ist ja in Jerusalem eingeritten auf einem Esel. Es ist ein Tier der Demut und des Friedens.« Carlo schwelgte in Poesie. Der Avvocato stoppte den Redefluß und sagte: »Komm auf die Terrasse, Carlo, trink einen Wein mit mir und erzähle von deinem Esel. Aber bitte keine Geschichten von Jerusalem und von der Schönheit der Esel ...«

Der Esel mußte den Avvocato wohl verstanden haben, denn er iahte gewaltig. Sein Schreien erinnerte an eine Luftschutzsirene, der die tieferen

Schwelltöne abhanden gekommen waren. Dann wollte das schöne Tier beweisen, daß seine anderen Körperöffnungen auch intakt waren, und entleerte sich in einem gewaltigen Strahl auf den Rasen des Avvocato.

Carlo verdrehte stolz die Augen: »Sie sehen, ein schönes und gesundes Tier.«

Wenig später saßen die beiden auf der Terrasse des Avvocato und labten sich an einem Tropfen Barbera. Und dann erklärte Carlo, der Avvocato müsse doch verstehen, daß er die Angelegenheit mit den Truthühnern zu einem guten Ende hätte bringen müssen, und so habe er eben zwanzig Truthähne gegen diesen Esel getauscht.

Ob zwanzig Truthähne nicht etwas zuviel seien für einen dicken, stinkenden Esel, wollte der Avvocato wissen?

Carlo kicherte in sich hinein. Dann verriet er mit schlauem Lachen: »Ja, normalerweise schon, aber dieser Esel ist ein ganz besonderer Esel, und darum ist der Preis schon richtig. Ja, im Grunde ist dieser Preis ein Spottpreis. Das Geschäft mit dem Esel wird das Debakel mit den Truttieren zwar nicht aufheben, aber doch verkleinern. Denn im Grunde ist dies nicht ein Esel, sondern zwei, vielleicht sogar drei Esel ...« Carlo machte eine Miene, als habe er dem Avvocato ein Staatsgeheimnis verraten. Als er auf dessen Gesicht noch kein Verständnis entdeckte, sagte er fast ein wenig ärgerlich, der Avvocato möge doch einmal hinschauen, das müsse doch auch ein

Stadtmensch sehen, die Eselin sei trächtig, und in wenigen Tagen könne man mit Eselnachwuchs rechnen. Und so dick, wie der Bauch dieses Tieres sei, könne man annehmen, daß auch ein Eselpärchen nicht unmöglich wäre.

Der Avvocato schloß die Augen und hielt sich an der Weinflasche fest. Vor seinem inneren Auge sah er sich umzingelt von Eselherden, die ununterbrochen Wasser ließen und iahten. Und als er sich der Tragweite der Carloschen Eselei bewußt wurde, erklärte er kategorisch: »Nein, Carlo, der Esel kommt mir nicht ins Haus.«

»Aber nein doch«, wehrte Carlo ab, er habe ja schon mit dem Bauern Fellini verhandelt, der wolle den Esel in seinen Stall einstellen. Das schöne Grautier solle vielleicht mal ein Stündchen am Tage hier weiden, und auch nur dann, wenn der Avvocato in seinem Ufficio weile.

Der Avvocato wollte dem nicht länger widersprechen. Und so warteten nun die Leute von Porto darauf, daß Carlos Esel Junge bekäme.

Aber die Tage vergingen. Nichts rührte sich. Langsam kam Spott auf. Es wurde erzählt, die Sache käme nicht zum Klappen, weil der Esel so viele Junge habe, die im Bauch des Esels den Kampf um die Erstgeburt führten. Carlo tat, als kümmere ihn das nicht. Tatsächlich aber schaute er die Eselin von Tag zu Tag mit kritischeren Augen an. Dann war seine Geduld zu Ende. Der Tierarzt mußte her. Der sachverständige Mann ging einige Male um die Eselin mit dem Tonnenbauch herum, schüttelte den Kopf, fühlte das Tier ab, setzte mehrere Male das Stethoskop an, horchte angestrengt. Dann klopfte er den Bauch der Eselin ab, und der Avvocato, der der Schau beiwohnte, dachte, es klinge reichlich hohl. Schließlich gab der Tierdoktor seine Diagnose und verkündete: »Mit Eselnachwuchs ist nicht zu rechnen. Das Tier hat einen chronischen Gasbauch.«

Der Avvocato lachte, der Bauer Fellini, der dabeistand, lachte, der Tierarzt lachte, ganz Porto lachte, und nun hieß es am See: »Carlos Esel ist ein Windei.«

Und da packte Carlo die Wut. Eine schlimme, berserkerhafte Wut. Eine Wut, die einen Mann zerreißen kann, wenn er sich nicht davon befreit. Er trat mit einem gewaltigen Tritt dieses mistige, dicke, aufgeblasene Eseltier vor den Bauch. Es klang wie ein dumpfer Paukenschlag. Und da gab der Esel Luft ab, und ein donnernder, minutenlanger Wind brauste über die Wiesen und Felder am Ticinallo. Und so, wie der Esel furzte, so schrumpfte auch sein Bauch ein. Am Ende des Windabganges hatte der Esel sich auf ein normales Maß reduziert. Nun hatte Carlo genug. Er nahm einen Strick, band den Esel, dieses Grab seiner Hoffnungen, an und zerrte ihn zum Metzger. Der beförderte ihn rasch vom Leben zum Tode und verwandelte ihn in Wurst. Carlo erhielt als Gegenleistung zwanzig Salamiwürste à zwei Kilo.

Und dann tat Carlo von der Trattoria della Pace etwas ganz Unerwartetes, Unerhörtes. Anstatt sich verbittert in seinen Schmerz zu vergraben, lud dieser »Carlo vom Frieden« seine Freunde zu einem Festmahl ein, die neue Salami zu kosten. Da saßen sie alle zusammen. Tino der Schmied mit dem Alfa, der bärtige Capitano, Beltramini, der Mann, der die ganze Welt gesehen hatte, Fellini der Bauer, der dicke Maresciallo und, an einem Ehrenplatz versteht sich, der Avvocato. Die Frauen, Laura und Lina, bedienten die Männer, schleppten Spaghettiberge heran und holten viele Flaschen Barbera aus dem Keller. Und dann wurde die frische Salami gereicht, aufgeschnitten in schönen Portionen. Die Männer schnupperten den guten Duft, die Augen erfreuten sich am vollen Rot des Fleisches, an der satten Weiße des Specks. Als Carlo sah, daß alle Gläser gefüllt waren, stand er auf, das Weinglas in der Hand, den Frauen am Ausschank mit herrscherlicher Geste Ruhe gebietend, bereit, seinen Freunden eine Rede zu halten, die heute noch am See unvergessen ist:

»Meine Freunde! Ihr wißt, ich habe mich in eine Unternehmung eingelassen, die mir viel Leid und Kummer, darüber hinaus aber auch noch Spott und Hohn eingebracht hat. Ja, es gibt sogar einige unter euch, meine Freunde, die mich für einen Dummkopf halten. Und doch gehe ich, wenn man es recht betrachtet, aus diesen Unternehmungen ungebrochen hervor. Was galt es zu beweisen? Was war der Sinn meiner Überlegungen? Nun ... sagt es doch! Tino, Capitano, Fellini, Maresciallo, Beltramini, sagt es doch, was ist der Sinn eines Geschäftes? Denkt nach, Freunde, sagt es!« Zwar hatte sich Carlo mit seiner Frage an alle gewandt, in Wirklichkeit sprach er aber zu einem einzigen, dem Avvocato, dem großen Freund. »Was ist das Wichtigste bei allen Geschäften, Freunde?« fragte er nochmals.

Da riefen sie: »Die Soldi«, und Beltramini sagte es klar: »Der Gewinn!«

»Nein, nein, nein«, rief Carlo, »nein, Freunde. Seht, schon in der Stunde, in der wir geboren werden, verlieren wir, erleiden Verlust. Wir verlieren die Wärme des Mutterleibes, die große Geborgenheit vor der Welt. Wenn wir etwas älter werden, verlieren wir die Zähne, kaum daß wir sie bekommen haben, dann unsere Träume und dann unsere Hoffnungen. Wir verlieren die Haare, später die Sehkraft und die Kraft der Liebe. Wir verlieren Vater und Mutter, wir verlieren die Freunde und viele den Glauben. Seht doch, es geht nicht um den Gewinn, es geht um den Verlust. Keinen Verlust erleiden, das ist alles. Die Direktoren der großen Firmen in Mailand, Turin und aller Welt, worum kämpfen sie? Keinen Verlust zu erleiden. Denn keinen Verlust erleiden ist die Voraussetzung für allen Gewinn. Was ist denn geschehen? Ich habe dreihundert Tacchini für 150.000 Lire gekauft. Der Hagel hat sie mir erschlagen, der Regen ersäuft, und ein Raubtier hat sie mir gebissen. Zum Schluß besaß ich noch fünfzig Tiere. Zwanzig habe ich für einen aufgeblasenen Esel gegeben, und die Hoffnungen, die ich hegte, sind wahrlich in alle Winde verweht. Aber immerhin! Die dreißig Truthähne, die ich habe, man mag rechnen, wie man will, erbringen 150.000 Lire. Und die zwanzig Salamiwürste, von denen wir hier einige kosten, sind ja auch etwas wert. Ihr seht, dank meiner Kalkulationen und Überlegungen ist es mir gelungen, mich und die Meinen in aussichtsloser Lage vor Verlust zu bewahren. Und das, so hoffe ich, habe ich euch bewiesen, ist wohl das Wichtigste auf der Welt. Nun könnte ein Schlaukopf kommen und sagen, aber wenn du deine Arbeitskraft berechnest, dann ist es doch ein Verlust. Ach meine Freunde«, und Carlo betrachtete wohlgefällig die helle Laura und die kleine Lina, »mit meiner Arbeitskraft habe ich nie gegeizt. Wir sind ja schließlich alle einmal umsonst in die Welt gekommen, dann können wir, so meine ich, ab und zu einmal umsonst arbeiten, damit die großen Rechnungen stimmen. Ich habe keinen Verlust erlitten«, und er schaute sie alle der Reihe nach an, und sein Auge, groß und weit, war vom Barberaleuchten erfüllt, »ich habe keinen Verlust erlitten, ich habe mir meine Freunde bewahrt, und auf euch, meine Freunde, will ich trinken.«

Er trank, er trank den roten Barbera wie den Saft des Lebens, den Saft der Hoffnung und der Zuversicht, und alle, auch der Avvocato, hatten eine kleine Träne der Rührung und der Freundschaft im Auge. Und als sie sich so stumm die Gläser entgegenhielten, sagte die leuchtende Laura das, was sie alle empfanden: »Madonna, Madonna, was für ein Mann.«

Lombardische Eheschule

Oberhalb von Porto liegt eine stattliche Keramikfabrik. Sie trägt mit zum Wohlstand des Ortes bei. Ihre Gründer und Besitzer sind die Eheleute Alberto und Carlotta Manzoni. Sie gelten in der ganzen Seeregion als vorbildliches, liebevolles und erfolgreiches Ehepaar. Alberto gehörte nie zu den traurigen Erscheinungen, die hinter jedem jungen Mädchen herpfeifen oder wie ein Pfau das Gefieder spreizen müssen. Auch in seiner Jugend nicht. Das ist verbürgt. Und später hatte er in der großen, selbstsicheren, etwas leicht zur Fülle neigenden Carlotta den festen Punkt auf dieser Erde gefunden, den Archimedes forderte, um die Welt aus den Angeln zu heben.

Kennengelernt hatten sich die beiden im Kriege, im Widerstand gegen die deutsche Besatzung. Eines Tages wurde dem Partisanenführer Alberto Manzoni die Carlotta Puzzi als Funkerin zugeteilt. Sehr bald nahm das tapfere Mädchen auch an den militärischen Kommandounternehmungen der Manzoni-Gruppe teil und zeichnete sich, neben ihrer Tapferkeit, durch ihre gleichbleibende Ruhe und durch ihre große Übersicht in schwierigen Situationen aus.

Alberto und Carlotta liebten sich. Aber über

diese Liebe wurde nicht gesprochen. Es wäre ihnen gegenüber ihren Mitkämpfern unredlich vorgekommen, wenn sie sich das Glück einer gelebten Liebe gegönnt hätten. Beide gehörten keiner politischen Partei an. Keine politische Ideologie hatte sie in den Widerstand getrieben, sondern einzig ihr Freiheitswille, der sich gegen fremde Unterdrückung wehrte, und die Sorge um die Würde ihres Volkes. Der Tag, an dem der Krieg zu Ende ging, war auch der Tag, an dem sie sich in die Arme sanken und sich liebten als Mann und Frau. Wenige Tage später segnete der Priester den Bund. Dann fuhren sie nach Udine, um sich den Eltern der Frau als Ehepaar vorzustellen und nachträglich deren Segen einzuholen, der auch gewährt wurde.

Die Eltern Puzzi betrieben in Udine eine Keramikfabrik, die von ihren Söhnen, Carlottas Brüdern, geleitet wurde. Carlotta, die schon als junges Mädchen eine starke künstlerische Begabung gezeigt hatte, war vor und während des Krieges an der Mailänder Kunstakademie in Graphik und Design ausgebildet worden. Viele Entwürfe der Puzzi-Kacheln stammten von ihrer Hand. Als Alberto ihr mitteilte, daß auch seine Eltern in Porto eine kleine Keramikfabrik hatten, die er nach ihrem Tod geerbt hatte, gab es für beide kein Halten. Sie verließen Udine und fuhren nach Porto am See. Mit der Kraft ihrer Jugend, mit Ideenreichtum und Mut brachten sie beide die kleine Fabrik in Schwung, wobei Alberto Produktionsüberwachung und Vertrieb, Carlotta die künstlerische Leitung und den finanziellen Sektor übernahm.

Carlottas Kachelentwürfe waren ein großer Erfolg, sie verstand es, Elemente lombardischer Volkskunst mit der des Friaul harmonisch zu verbinden, so daß die Manzoni-Produktionen Aufsehen erregten. Alberto aber wagte als einer der ersten Keramikhersteller den Sprung ins Ausland, wo er auf Messen in Frankfurt und Köln, in London und Paris ausstellte. Die Auftragsflut war kaum zu bewältigen, das Unternehmen wuchs, neue Mitarbeiter mußten eingestellt werden. Der große, erträumte Lebenserfolg war da. Der Partisanenleutnant und seine Partisanenfunkerin sonnten sich wie Kinder im Glanz des Wohlstandes. Das eigene Haus wurde gebaut, die Manzoni-Villa, der Mercedes für Alberto, das Cabrio und der Nerz für Carlotta wurden erstanden. Der einzige Schatten war, daß die Ehe kinderlos blieb. Für italienische Menschen sicher ein harter Schlag. Aber Alberto und Carlotta überwanden auch das. Schließlich kann nichts auf der Welt vollkommen sein, und da das Glück sie schon in einem unvorstellbaren Maße bevorzugt hatte, mußte die Kinderlosigkeit als Schicksal getragen werden.

So widmeten sie alle Energie dem Betrieb, sie nahmen ihn an Kindes Statt an.

Alberto war nun fünfzig Jahre alt, immer noch ein stattlicher Mann, aber der Herbst begann. Bei

Carlotta hatte der Hang zur Fülle sich weiterentwickelt, nein, dick war sie nicht, aber doch eine etwas zu imponierende Erscheinung.

Alberto hatte die Auslandsreisen aufgegeben und an einen jüngeren Vertriebsleiter, den man zu Albertos Entlastung eingestellt hatte, abgetreten. Carlotta hatte die Finanzabteilung einem jüngeren Betriebswirt übertragen, jedoch die künstlerische Leitung der Entwurfsabteilung blieb fest in ihren Händen. Und das war gut so. Denn ihr treffsicherer Geschmack war eines der Fundamente der Manzoni-Erfolge. Alberto aber ertrug das Angebundensein an einen Ort nicht. Er war es gewohnt, unterwegs zu sein, und so unterbrach er das Regelmaß der Woche durch kürzere Fahrten nach Mailand, wo Besprechungen, Kunden, Banken und vielerlei Geschäftsinteressen auf ihn warteten.

Nach einiger Zeit übernachtete er in dem nur anderthalb Autostunden entfernten Mailand. Die Rückfahrt war beschwerlich und vor allem gefährlich, wenn man mit Geschäftsfreunden zusammen getrunken hatte. Zunächst blieb Alberto nur eine Nacht in der Woche in Mailand, dann waren es zwei. Es geschah auch schon, daß er ein Wochenende in Mailand blieb, und fast schien es, als sei er mehr in Mailand als in Porto bei Carlotta.

Carlotta ahnte, was auf sie zukam. Es schmerzte, was da geschah, es schmerzte sehr. Aber viele Frauen in Italien und in der Welt mußten das ertragen. Es gehört einfach zum Leben einer Frau, damit fertig zu werden, dachte sie.

Eines Tages stand Alberto vor ihr und stammelte: »Carlotta, ich habe eine Geliebte, bitte, gib mich frei.«

Carlotta blieb ruhig. »Hast du ein Bild von ihr?« fragte sie. Alberto zeigte ihr nicht ohne Stolz das Foto einer blonden, zwanzigjährigen Schönheit.

»Ein schönes Mädchen, Alberto«, murmelte Carlotta. Und dann sprach sie wie zu sich selbst: »Ich soll ihn freigeben, meinen Alberto. Aber wie kann ich das. Italien kennt keine Zivilehe, wir sind kirchlich getraut, und die Kirche löst den Bund nicht auf zwischen mir und meinem Alberto. Was kann man da tun? Nun gut, er kann weglaufen, mein Alberto, weg, zu dem schönen blonden Mädchen, ja, das kann er. Oder ich kann weggehen und den Platz frei machen, aber das will ich nicht ... noch nicht.« Und nun wandte sie sich direkt an ihn: »Alberto, wir sind in einer schwierigen Lage, ich und auch du. Wir wollen uns wie vernünftige, erwachsene Menschen benehmen. Wir haben ein gutes Leben miteinander gehabt. Wir wollen die Vergangenheit weder zerstören noch beschmutzen, meinst du nicht auch?« Alberto nickte Zustimmung. »Dann höre, Alberto, ich mache dir einen Vorschlag. Das Haus und die Fabrik, alles, was wir zusammen geschaffen haben, das will ich nicht verlassen ... noch nicht. Aber wir sind keine armen Leute, Alberto, Gott sei Dank. Mein Vorschlag: Nimm dir Geld, soviel du brauchst, und wenn es verbraucht ist, stehen dir alle Konten zur Verfügung. Nimm dir Geld und dein schönes, blondes Mädchen und fahr los. Fahr ans Meer, du liebst das Meer doch so sehr, Alberto, fahr in die Welt, wohin du willst und wohin es dich treibt. Lebe ein Jahr mit deinem jungen Glück; mein Gott«, seufzte sie, das Bild mit dem blonden Bikiniengel betrachtend, »man kann euch Männer verstehen, wenn ihr solchen Offerten nicht widerstehen könnt. Also gut, Alberto, fahre mit ihr los, und nach einem Jahr kommst du wieder zu mir, wenn du dann noch immer die andere willst, dann gehe ich fort, irgendwohin, dann kannst du mit ihr hier im Hause, in unserer Welt leben.«

Die Koffer wurden gepackt, und Alberto fuhr in die Welt. Während der ersten Nacht, allein im Bett, ohne die vertraute Nähe und Wärme des Geliebten, weinte Carlotta schmerzlich. Aber als sie am Morgen erwachte, war sie erquickt. Die Tugenden, die man in ihrer Partisanenzeit in den Abruzzen an ihr gerühmt hatte, gleichbleibende Ruhe und Übersicht, halfen ihr zunächst weiter.

Sie organisierte den Betrieb um. Von der Mailänder Akademie holte sie sich eine junge, begabte Künstlerin als Leiterin der Entwurfsabteilung. Danach stellte sie alle Abteilungen auf monatliche Abrechnung um, so daß sie am 5. eines jeden Monats eine Erfolgs- und Datenübersicht hatte. Nach drei Monaten war sie so weit, daß sie alle Arbeiten so delegiert hatte, daß ihre Anwesenheit nur einmal im Monat nötig war. Ja, noch nicht einmal das. Sie konnte sich ihre Datenübersicht an jedem beliebigen Ort zusenden lassen und von ferne dirigieren. Den vier Abteilungsleitern – Finanzen, Produktion, Vertrieb und Entwurfsabteilung – übertrug sie, vorbehaltlich der endgültigen Zustimmung Albertos, eine fünfprozentige Gewinnbeteiligung.

Dann ging sie in ein Sanatorium. In zwei Monaten verlor sie zwanzig Pfund und war wieder die große, schlanke Carlotta von ehedem. Sie ging regelmäßig zur Kosmetik, lernte die Künste des Make-up, legte sich bei einem Haarkünstler eine neue Frisur zu, besuchte Modeschauen in Mailand und Rom und lernte, sich vorteilhaft zu kleiden und zu geben. Dabei trieb sie regelmäßig Sport, so daß ihr Körper elastisch und leistungsfähig blieb. Aus der Partisanin von einst, aus der hart arbeitenden Entwurfskünstlerin und Fabrikchefin war eine große Dame geworden.

Alberto machte inzwischen andere Erfahrungen. Die ersten Wochen des großen Glücks waren dahin, die rasenden Liebesnächte von einst, nunmehr zur Gewohnheit geworden, hatten viel von ihrem Zauber verloren. Er war doch ein Mann von fünfzig Jahren, hatte nicht mehr die Reserven eines Dreißigjährigen, der an die Seite der schönen Zwanzigjährigen gehört hätte. Zwar war er immer noch stolz, sich mit dem schönen jungen Menschenkind in der Öffentlichkeit zu zeigen, an der See, im Theater oder auf den Plätzen der großen Städte. Aber als er einmal in Rom hinter seinem Rücken das Gespräch einiger junger Männer hörte, hämisch, gemein, niederträchtig: »Da siehst du, was man sich mit Geld für schöne Sachen kaufen kann«; und der andere lästerte: »Alles halb so schlimm, der hat die nur zum Vorzeigen, die Arbeit machen da andere«, da war ihm die Freude vergällt, sich mit seiner schönen, jungen Geliebten in der Öffentlichkeit zu zeigen. Er fühlte Sehnsucht in sich aufsteigen, Sehnsucht nach Carlotta. Nach ihrer Ruhe, nach ihrer Sicherheit, nach den klugen Gesprächen mit ihr.

Kurz entschlossen rief er im achten Monat der Trennung bei ihr an. Er erreichte sie auch, abends. »Carlotta, Carlotta, ich komme zurück«, rief er.

»Ich freue mich, deine Stimme zu hören, Alberto, aber wir haben einen Vertrag geschlossen, uns ein Jahr nicht zu sehen. Und allen Leuten im Ort und in der Fabrik habe ich gesagt, daß du für ein Jahr nach Amerika gegangen bist, um neue Produktions- und Absatzmethoden zu studieren. Wir können doch nicht das Gesicht verlieren. Also, in vier Monaten sehen wir uns zur Absprache, genau gesagt erwarte ich dich am 5. Mai abends.«

Zunächst war Alberto verbittert. Aber als er ein wenig nachdachte, sah er, daß seine kluge Frau ihm gezeigt hatte, wie er die nächsten Monate sinnvoll und interessant verbringen konnte. Er schickte seine schöne junge Geliebte zurück nach Mailand. Da er ein Kavalier war, schenkte er ihr das Appartement, das sie dort beide bewohnt hatten, und fuhr nach Amerika, um dort neue Produktions- und Vertriebsverfahren zu studieren.

Er lernte viel dabei.

Als er sich nach Ablauf des elften Monats in New York eine Mailänder Illustrierte kaufte und darin ein Bild seiner Frau anläßlich einer Galavorstellung der Mailänder Scala fand mit dem Untertitel »Frau Carlotta Manzoni, eine der glänzendsten Erscheinungen der Mailänder Saison«, und er sah das Bildnis einer großen, eleganten Dame, da traf es ihn tief ins Herz, und dieser Monat dünkte ihn länger als das ganze Jahr.

5. Mai. Alberto war wieder in Porto. Tausend Augen schauten, tausend mißtrauische, zweifelnde Augen; per bacco, wer hatte das schon geglaubt, das Märchen mit Amerika. Davongelaufen ist der Manzoni, mit einer jungen, geilen Stute. Irgendwer will ihn gesehen haben in Mailand oder in Bologna, mit so einem jungen, blonden Glück. Aber nun stand Alberto da am Bahnhof in Porto. Er trug unverkennbar einen Anzug amerikanischer Machart, überhaupt, Manzoni sah aus wie ein Yankee. Auf den Koffern amerikanische Aufkleber von Hotels in Boston, New York, Los Angeles, Seattle.

Ein kluger Mann, dieser Manzoni, fährt ein

ganzes Jahr nach Amerika, um den Amerikanern in die Karten zu gucken, flüsterte Porto. Ein kluger Mann, dieser Manzoni, einer, der das Lernen nicht aufgibt. Solche Leute braucht Porto, ach was, Porto, Italien.

Alberto stand vor Carlotta: »Du bist schön, Madonna, liebst du mich noch, Carlotta? Ich liebe dich, Carlotta.«

Sie sanken aneinander, übervoll des Glücks, übervoll der neuen, alten, wiedergewonnenen Liebe. Und spät am Abend, lange nach dem Essen, nachdem er ihr seine Geschichte erzählt hatte und sie ihm die ihre, sagte Carlotta:

»Ich habe aber nicht nur was für meinen Körper getan, sondern auch für meinen Geist. Ich habe Bücher gelesen, Vorträge und Vorlesungen gehört, in Mailand und in Lugano, damit wir uns besser verstehen. Damit wir erkennen, warum wir etwas tun. Warum Männer so handeln und Frauen so. Warum ein guter Mann wie du mit einem blonden Kind, das ihm außer seiner Jugend nichts zu bieten hat, davonläuft. Du warst meiner zu sicher, und ich deiner, Alberto. Wir waren uns zur Gewohnheit geworden, zur gegenseitigen Selbstverständlichkeit. Um das, was man liebt, muß man immer ein wenig zittern, so wie wir damals im Kampf in den Abruzzen gezittert haben. Und das, was ich dir jetzt sage, Alberto, wird dir wenig gefallen, denn es wird dir zeigen, daß das, was du getan hast, noch nicht einmal etwas Eigenständiges war. Du bist einfach den Gesetzen der Natur erlegen, zwanghaft. Gegen die Gesetze der Natur kommt der Geist scheinbar nicht an. Im besten Falle kann er im nachhinein begreifen, was uns widerfahren ist. Das Gesetz der Natur für den Mann heißt Zeugung. Zeugung um jeden Preis. Zeugung in verschwenderischer Fülle. Wen will es da wundern, wenn der alternde Mann – verzeih, Alberto –, bevor die Kraft erlischt, seinen Samen in einen jungen Schoß geben will. Denn in junger Erde gedeiht Samen besser als in alter, verbrauchter. Ich sage dir das, damit du weißt, daß ich uns beide ohne Schuld sehe. Uns ist etwas ganz Natürliches widerfahren, und wir sind alle mehr Opfer als Täter. Und wenn wir das erkannt haben, dürfen wir uns auch wieder lieben, ohne Schuld und ohne Vorwurf.«

Am anderen Morgen fuhr das Ehepaar Manzoni nach Mailand. Carlotta wollte ein erstes und letztes Wort mit dem blonden Mädchen reden. »Ach, laß das, die Angelegenheit ist abgeschlossen«, sagte Alberto, dem die Sache peinlich war.

»Ecco«, sagte Carlotta, »dann wollen wir beide gemeinsam den Schlußpunkt setzen und uns prüfen, ob wir so frei sind, wie wir sein wollen.«

Und nun standen sie voreinander. Eine verschüchterte Zwanzigjährige, ein betretener Alberto und eine großartige Carlotta. Carlotta schloß das blonde Mädchen in die Arme. Küßte sie sanft auf beide Wangen und sagte: »Ich wollte Sie kennenlernen, mein liebes Kind. Wollte Sie kennenlernen, um Ihnen zu danken, daß Sie meinem Mann ein Jahr Ihrer köstlichen Jugend geschenkt haben.«

Sagte sie und zog einen hochkarätigen Brillanten vom Finger und steckte ihn an die Mädchenhand.

»Zum Dank und zur Erinnerung, mia bionda.«

Und von der Tür aus rief sie ihr zu: »Und wenn Sie heiraten, bekommen Sie von mir die Wäscheaussteuer, completamente!«

Grundstück am See

Der Mittwoch war für Carlo ein besonderer Tag. Ein Tag, auf den er sich freute. Mittwochs, nach der Siesta, besuchte er für ein gutes Stündchen seine Nichte Marietta, deren Vormund er war, seit jenem schlimmen Tage, an dem sie, ein sechzehnjähriges Mädchen, die Eltern durch einen Autounfall verloren hatte, bis hin zum Tag ihrer Verheiratung mit Salvatore Oldani. Mit Freuden brachte sie bald ihr erstes Kindchen zur Welt. Carlos Frau zu Ehren tauften sie es auf den Namen Laura. Salvatore war ein tüchtiger Steinmetz, ein Nachfahre jener lombardischen Maurer und Steinhauer, die die Kaiserdome zu Speyer und Worms geschaffen haben. Er bekam den Auftrag einer deutschen Dombauhütte. Im Verlauf dieser Arbeit stürzte er ab, und Marietta war mit zweiundzwanzig Jahren bereits Witwe. Sie lebte still in ihrem Häuschen nahe dem Hafen. Die Berufsgenossenschaft zahlte ihr eine Rente, von der sie auskömmlich leben konnte.

Auch für Marietta war der Mittwoch ein Tag von stillem Glanz. Sie freute sich auf den Onkel, diesen klugen, kugelrunden Mann, der nicht nur der Padrone der Trattoria della Pace, sondern auch der listige und wortgewaltige Dorfphilosoph war. An diesem Mittwoch hatte sich Carlo der Attacke eines deutschen Gastes erwehren müssen. Der Mann, ein gewisser Signor Panzer – der Name war mehr als ein Name, er war gewissermaßen eine Persönlichkeitsdeklaration –, hatte in Erfahrung gebracht, daß Carlo Besitzer eines der letzten bebaubaren Seegrundstücke war.

»Signor Carlo«, so hatte der Deutsche insistiert, »es war immer mein Traum, ein Haus mit Seeanschluß zu haben. Machen Sie einen halbwegs vernünftigen Preis, und ich werde ihn zahlen.«

Carlo hatte in seiner bedächtigen Art den Kopf geschüttelt und gesagt: »Signor Panzer, es ist nicht klug, ein Grundstück kaufen zu wollen, das Sie nicht einmal gesehen haben. Aber ich darf Ihnen sagen, das Grundstück ist unverkäuflich.«

»Warum, warum?« forschte der Deutsche.

»Signor, es genügt, wenn ich Ihnen meine Willenserklärung gegeben habe; ich bin nicht gehalten, Ihnen meine Gründe zu benennen«, erwiderte Carlo.

»Signor Carlo«, konterte Panzer, »ich bin ein Mann, der gewohnt ist, das zu bekommen, was er haben will.«

Mit Würde erklärte Carlo: »Mein Herr, das wünsche ich Ihnen von ganzem Herzen, sofern es sich nicht um Dinge handelt, die mein Eigentum sind.«

Wütend hatte der Deutsche die Trattoria verlassen, und Carlo war sich klar, einen Gast verloren zu haben.

Während er die Gassen und Winkel von Porto hinuntereilte, mit kleinen, hüpfenden Schritten wie ein Gummiball, der zu Tal springt, schüttelte er den Ärger des Morgens von sich ab wie der Hund die Flöhe. Er erfreute sich am Gruß und am Zuruf der Freunde und Nachbarn. »Ciao Carlo«, »Ciao amici«. »Ciao Carlo«, »Ciao Bella«. Die Grüße und Rufe waren wie eine Blumengirlande, die ihn den Weg entlang begleitete, hinab bis zu Mariettas Haus. Als Marietta die krächzende Altmännerstimme ihres Nachbarn Beltramini »Ciao Carlo« stammeln hörte, wußte sie, daß es nur Sekunden dauern konnte, bis der Onkel lachend, schwarzlockig und strahlend im kleinen, von Blüten und Blumen überschütteten Innenhof ihres Hauses stünde.

»Ciao Bella«, grüßte er und nahm Marietta in die Arme. Dann küßte er sie zart auf die Wangen, als sei sie aus feinstem chinesischem Porzellan, und schaute ihr in die braunen Mandelaugen, in denen er seine eigenen sah. »Tutto in ordine, Marietta?« fragte er.

»Si, si, zio Carlo«, sagte Marietta mit ihrer sanften Glockenstimme. Und als sie den Blick des Onkels voll auf sich ruhen fühlte, da war ihr, als sei sie eingehüllt in ein samtenes Netz von Schutz und Geborgenheit.

Marietta hatte im Innenhof gedeckt. Onkel und Nichte gingen zu Tisch und setzten sich. Marietta schenkte Tee ein. Carlo mochte Tee eigentlich nicht. Er mochte Espresso, Barbera und Grappa. Aber er empfand sehr wohl, daß die Nichte den Tee servierte, um etwas Besonderes, Außergewöhnliches zu tun. Und so nahm er den Tee als eine stille Huldigung der jungen Frau. Und als er den Tee trank, da schmeckte er ihm. Er freute sich am satten Goldton des Getränks, an seinem blonden, kultivierten Geschmack. Er fühlte seinen Mund gereinigt von den starken Genüssen seines Lebens. Es ist so, dachte er, als ob man eine kühle blonde englische Lady im Arm hielte. Er hatte zwar nie eine englische Lady im Arm gehalten, aber er war im Innern froh, daß er solche Gedanken empfinden konnte.

Das Gespräch der beiden floß dahin. Es gab nichts Bedeutendes, nur Dinge des Alltags. – Daß die kleine Laura vorgestern Fieber gehabt habe. Nein, nichts Schlimmes. Wie das eben so ist bei Kindern, immer ein ewiges Auf und Ab. Ach ja, die deutsche Berufsgenossenschaft hatte die Rente um sechs Prozent erhöht, freiwillig, ohne Forderung, als Ausgleich für die steigenden Lebenskosten. – Carlo lauschte aufmerksam, und als er die gute Nachricht vernahm, bedauerte er es, den Signor Panzer heute so abgeschmiert zu haben. Der Innenhof war voller Friede. Marietta stellte eine Flasche Barbera auf den Tisch. Der Barbera schmeckte so gut wie nie. Das lag am Tee, an dieser reinigenden Wirkung des Tees! Jedesmal, wenn Carlo bei Marietta nach dem Tee Barbera trank, nahm er sich vor, seiner Frau aufzutragen, künftig vor dem abendlichen Wein Tee zu servieren. Aber dann vergaß er es wieder. Oder wollte er es vergessen? War der Tee vor dem Barbera nicht ein kleines Geheimnis zwischen ihm und Marietta? Nein, es war kein Geheimnis. Der Tee vor dem Barbera war Mariettas Eigentum und sollte es bleiben. Onkel und Nichte fühlten sich wohl in dieser allwöchentlichen stillen Stunde. Carlo, ein alternder Mann, wurde verjüngt durch die Gegenwart der jungen Frau. Marietta war geschmeichelt von der Aufmerksamkeit des älteren Onkels, der straßauf und straßab als ein kluger Kopf galt. Beide aber waren geschützt durch das Band der Verwandtschaft, das es gestattete, Zärtlichkeit ohne Begehren zu empfinden.

Per bacco, dachte Carlo. Der Mensch braucht soviel verschiedene Arten von Liebe, wie die Zwiebel Schalen hat. Er braucht die Liebe der Frau, diese große bestimmende Liebe. Aber er braucht auch die Liebe der Mutter, die Liebe des Vaters, die eine ganz andere Liebe ist. Man braucht die Liebe der Freunde, ihre Zustimmung, ihren Beifall, man braucht sogar die Liebe der Kreatur. Man braucht die Liebe der Kinder. Gut, Kinder hatte er nicht. Aber er hatte die Liebe Mariettas, und das war eine Liebe, die komplizierter war als Kindesliebe, ätherischer, facettenreicher. Und aus diesen Gedanken heraus, die ihm ein Wohlbehagen, eine große Übereinstimmung mit sich und der Welt bereiteten, sagte er: »Marietta, du solltest wieder heiraten. Das ist nicht meine Weisheit, Marietta! Gott selbst hat gesagt: Es ist nicht gut, daß der Mensch allein sei. Gott selbst, Marietta!«

»Ich weiß, Onkel, du sagst mir das schon seit Jahren. Und ich sage dir seit Jahren, daß ich in allen Dingen des Lebens auf dich hören will, aber in den Dingen der Liebe, Onkel, will ich nur auf mein Herz hören.«

Carlo stand auf. Die Stunde war verflossen. Er küßte Marietta zart und sagte: »Du bist eine romantische Natur, meine Liebe.« Marietta lächelte, erwiderte seinen Kuß und sagte: »Ja, Onkel, und ich will es bleiben.«

Carlo trat aus dem Innenhof. Er grüßte noch einmal. Und während er den Weg zurückging, zurück in seine Welt, fühlte er sich wie ein Mann, der sich gereinigt hatte von den Übeln der Erde.

Es war an einem Mittwoch im Mai. Die Luft war voller Blütenduft, der ganze Tag bestand aus einem einzigen Wort, Frühling, Primavera! Wie gewohnt eilte Carlo die Gassen hinab zu Mariettas Haus. Er war voller Vorfreude. In seiner Phantasie spulte sich das ganze Ritual exquisiter Höflichkeit und Zartheit ab, das zwischen ihm und Marietta herrschte. Der zarte Kuß, der Blick in die Augen, um zu erkennen, daß das Herz des anderen frei ist von Sorge, Ängsten und Nöten. Als er, hundert oder zweihundert Meter vor Mariettas Haus, aus der Welt seiner Gedanken und Vorstellungen zurückkehrte in die Wirklichkeit, war ihm, als sehe er Mario Luzzoni aus Mariettas Haus treten. Da der Mann sich aber von ihm entfernte, war er sich nicht ganz sicher, ob es Mario Luzzoni war. Er war sich auch nicht sicher, ob er den Mann aus Mariettas oder des alten Beltraminis Tür hatte gehen sehen. Er wollte nachher Marietta fragen. Aber nein, diese Frage zu stellen wäre schon eine Beleidigung gewesen. Was sollte ein Kerl wie Luzzoni mit Marietta zu tun haben. Nichts, gar nichts!

Luzzoni war der Sohn eines Mädchens aus Luino und eines deutschen Soldaten, der sich, als die Schwangerschaft sich ankündigte, im Strudel des zusammenbrechenden Krieges auf und davon gemacht hatte. Das Kind dieser Verbindung war Mario Luzzoni. Der Avvocato, Carlos kluger und gebildeter Freund, hatte einmal gesagt: Luzzonis Charakter sei das Sammelsurium der deutschen wie der italienischen Nationallaster. Aufbrausend und herrisch, wenn die Situation es erforderte, unterwürfig und liebedienerisch, absolut schamlos und als einzige Wertvorstellung den eigenen, ungehemmten Vorteil kennend, waren alle diese Minderwertigkeiten eingebunden in den Körper eines Davids von Michelangelo. Das betrügerische Wesen wurde getarnt durch zwei strahlende, tiefbraune Augen, aus denen Bitte und Abbitte, tiefes Verständnis und unbezwingbarer Lebensoptimismus leuchteten.

Mit diesen Waffen ausgestattet, war er ein unbezwinglicher Verführer und verdiente sein Geld damit, reichen Amerikanerinnen, deutschen und holländischen Witwen überteuerte Häuser, Landsitze, Chalets in der Seeregion zu verkaufen. Ein Blick aus seinen Augen, und jedes kritische Argument verstummte. »Domina«, flüsterte er mit heiserer Stimme, »ich verkaufe Ihnen kein Haus, sondern eine köstliche Fassung für Ihre Schönheit, einen Tempel, in dem sich Ihre Persönlichkeit entfalten kann und Ihre Freunde Ihnen huldigen können. Sie haben Freunde, Signora, glauben Sie mir.«

Unter der hypnotischen Faszination dieses Mannes wankten die armen Frauen wie in Trance zum Notar und akzeptierten Kaufvertrag und Preis. Dann ward der ehrenwerte Signor Luzzoni nicht mehr gesehen, und die armen getäuschten Frauen, allesamt in den Vierzigern, saßen in ihren Landhäusern, Chalets, in diesen Tempeln ihrer Hoffnungen, und stellten fest, daß sie übers Ohr gehauen worden und ihre Häuser bestenfalls romantische Bruchbuden waren, die zu renovieren wiederum ein Vermögen kosten würde.

Seine sexuellen Bedürfnisse befriedigte Luzzoni bei einer Hure in Lugano und bei einer anderen in Mailand, die, wenn das Schafescheren bei der Häusermakelei nicht so klappte, ihn finanziell unterstützten. Kurz, er war auch noch ein Zuhälter! Was sollte so ein Mann bei Marietta wollen! Nein, die Sache war absurd.

Und doch, als er später im Frieden von Mariettas Innenhof saß, den Mund vom Teetrinken gereinigt und mit Genuß das erste Glas Barbera schlürfend, konnte er seine Neugier nicht unterdrücken und fragte: »Sag mir, Marietta, als ich zu dir kam, war mir, als würde ich Mario Luzzoni aus Beltraminis Haustür gehen sehen.« »Nein«, sagte Marietta arglos, »Mario Luzzoni war bei mir, Onkel.«

»Bei dir?« staunte Carlo. »Woher kennst du diesen Menschen, was hat der bei dir zu suchen?«

»Aber Onkel, wir sind doch zusammen in die Schule gegangen. Er war zwar vier Klassen über mir, aber man kennt sich doch. Und dann ist er einmal sehr nett zu mir gewesen!«

Carlo vergewisserte sich: »Nett zu dir gewesen?«

»Ja, Onkel, ich war ein kleines Mädchen von zehn Jahren und er schon ein großer Junge von vierzehn oder fünfzehn. Es war an einem jener heißen Sommertage in den frühen sechziger Jahren, da hab ich mir beim Schwimmen im See an einem verdeckten Stein das Knie verletzt. Du kannst die Narbe jetzt noch sehen«, sagte sie und zeigte Carlo ihr zierliches Knie. Marietta erzählte weiter. »Siehst du, Onkel, keiner hat mir da geholfen. Aber Mario Luzzoni hat mir mit seinem Handtuch einen Notverband gemacht. Dann ist er nach Porto zurückgelaufen, hat in der Apotheke Verbandsmaterial gekauft und mir einen ordentlichen Verband gemacht. Das war doch lieb von ihm?« fragte sie.

»Per bacco«, murmelte Carlo. »Auch der Teufel scheint eine gute Seite zu haben. Aber dennoch, Marietta, er ist kein Umgang für dich.«

Marietta lächelte. »Er ist ja auch kein Umgang, Onkel. Alle paar Monate schaut er für eine Minute herein, sagt ein paar Scherzworte, nimmt meine kleine Laura auf den Arm und sagt zu ihr: ›Laura, du bist das einzige Kind, von dem ich weiß, daß es ein Engel ist. Auch wenn du mal böse bist, dann bist du eben ein böser kleiner Engel, und weißt du warum? Weil du eine Heilige als Mutter hast.‹ Siehst du, Onkel, mehr ist das nicht.« Dennoch war sie errötet, als sie diese Geschichte erzählte.

Carlo stand auf, küßte Marietta, schaute sie lange an und sagte: »Paß auf dich auf, mein Kind.« Dann wischte er sich eine Träne aus dem Auge. Weiß der Teufel, wie sie dahin gekommen war. Er schaute in dieses reine, vertrauensvolle Mädchengesicht, holte tief Luft und sagte stokkend: »Das ist ja das Problem im Leben, wie man die bösen von den guten Menschen unterscheiden lernt. Wobei in Wirklichkeit keiner von uns gut ist. Aber die Bösen, Marietta, die gibt es, aber ich scheine erfahren zu haben, daß auch die sogar eine gute Seite haben können.« Dann stand er auf und ging. Aber sein Gang war nicht so leichtfüßig wie sonst. Es war, als drücke die unsichtbare Last seiner Gedanken und Vorstellungen ihn fester an die Erde.

November! Porto und der See gehörten wieder sich selbst. Die Touristen, aus aller Herren Länder kommend, waren wieder zurückgekehrt. Sie erzählten ihren Freunden und Bekannten vom Glück am Lago Maggiore. Von der Sonne, vom tiefen Blau des Sees, von seinen wechselnden Farben. Bei Sturm wurde er graugrün, gesäumt von schäumenden Wellen. Und die Menschen, diese heiteren, fröhlichen Lombarden, die mit einem Lächeln das Leben meisterten, hatten sie überhaupt Probleme und Sorgen wie die gestreßten Menschen der Großstädte? – Ein Glück, daß die guten Lombarden den Unsinn nicht hören konnten, den die Touristen über sie erzählten. Denn sie hatten Sorgen, wie alle Menschen Kummer und Sorgen haben!

Abends betrat der Avvocato die Trattoria. Er merkte sofort, daß etwas nicht stimmte. Carlo lächelte so freundlich wie immer. Aber war sein Lächeln nicht etwas verkrampft, war das Leuchten der strahlenden Laura nicht etwas beschlagen, und war die kleine Lina nicht kleiner als sonst? Ja, war nicht im süß-sauren Rotweinduft der Trattoria der bittere Beigeschmack der Sorge?

Carlo begleitete den Avvocato an den Tisch. Die Sorgen hatten zu schweigen. Jetzt galt es, dem verehrten Freund ein vernünftiges Abendessen vorzuschlagen. »Nein, nichts Schweres, Avvocato. Ich weiß, Sie hatten einen harten Tag. Vielleicht zuerst eine leichte Bouillon mit einem Eigelb, um den Magen freundlich zu stimmen. Dann einen kalten Kalbsbraten, dazu einen frischen grünen Salat.«

»Danke, Carlo, das würde schon genügen«, meinte der Avvocato.

»Si si«, pflichtete Carlo zu. Doch dann meinte er nachdenklich: »Vielleicht sollte man doch zum Abschluß einen kleinen Käse nehmen.« Ein Bergbauer habe ihm heute morgen einen jungen Schafskäse gebracht, ganz frisch und sanft wie der Kuß der Mutter. Und zum Trinken empfahl Carlo einen trockenen Weißwein aus dem Soavetal. Der würde mit seiner Klarheit das Mahl abrunden. Dem Avvocato war es recht. Er empfand die Fürsorge des Freundes wie eine körperliche Wohltat. In einer seiner großen Stunden hatte Carlo einmal verkündet, ein guter Wirt sei wie ein guter Vater, der die Wünsche seiner Kinder erahne und erfülle, bevor sie ausgesprochen seien.

Nach vollendetem Mahl – nach dem Käse hatte es natürlich noch einen Espresso und einen Grappa gegeben – stellte Carlo die Barberaflasche auf den Tisch, folgte der Aufforderung des Avvocato und setzte sich zu ihm. Nach einer Weile seufzte er und sprach: »Ich weiß gar nicht, wie ich beginnen soll, Avvocato.«

Der Avvocato, der Erfahrung im Umgang mit verstörten und besorgten Menschen hatte, meinte: »Nun, Carlo, dann schweigen wir eben noch eine Minute oder auch zwei, und dann beginnen wir einfach mit dem Anfang.«

Wie gut der Avvocato die Menschen doch kannte. Nach wenigen Minuten sprach Carlo mit leiser, klarer Stimme. »Es handelt sich um Marietta, Avvocato.« Der Avvocato horchte auf. »Sie ist in Hoffnung«, flüsterte Carlo.

»Nun, das ist noch nichts Böses an sich«, meinte der Avvocato.

»Nein, nein«, stimmte Carlo zu. »Aber der Vater oder besser der, der Marietta das angetan hat, ist Mario Luzzoni!«

Der Avvocato preßte zischend die Luft durch die Zähne: »Wie, jener Luzzoni?« vergewisserte er sich.

»Ja«, sagte Carlo. Und in diesem »Ja« lag sein ganzer Jammer.

»Wie war das möglich, das ist doch wie Feuer und Wasser, nein, wie Himmel und Hölle«, rief der Avvocato.

»Ja, wie Himmel und Hölle«, sagte Carlo sinnend. »Wie war das möglich«, griff er die Frage des Avvocato auf. Und als er weitersprach, war es, als spreche er mit sich selbst, gebe sich Rechenschaft. »Wie war das möglich? Weil auch der Teufel eine gute Seite hat. Anscheinend! Besser noch, weil der Teufel der vollkommene Verführer ist.« Dann berichtete Carlo dem Freund, was Marietta ihm erzählt hatte.

»Sie war ein Mädchen von zehn Jahren und

hatte sich an einem heißen Sommertag beim Schwimmen im See an einem verdeckten Stein das Knie verletzt. Es muß eine schlimme Wunde gewesen sein, denn die Narbe am Knie, die sie mir zeigte, ist beträchtlich. Da ist Luzzoni gekommen, hat ihr einen Notverband gemacht, ist nach Porto gelaufen, hat in der Apotheke Pflaster und Binden geholt und ihr einen kunstgerechten Verband angelegt. Das hat das Mädchen nie vergessen. Als sie mir die Geschichte erzählte, sagte sie in ihrer kindlichen Art: ›Das war doch lieb, Onkel Carlo.‹« Carlo schwieg eine Weile. Dann fuhr er fort: »In den letzten zwei Jahren hat Luzzoni sie dann in unregelmäßigen Abständen besucht. Dabei hat er die kleine Laura auf den Arm genommen und solche Reden geführt: ›Ich weiß genau, daß du ein Engel bist, kleine Laura. Und weißt du warum? Weil deine Mutter eine Heilige ist!‹«

»Maria und Josef«, seufzte der Avvocato, »welch ein hochkarätiger Schweinehund, dieser Luzzoni.«

Die beiden Männer schwiegen. Laura war schon vor geraumer Zeit im Türrahmen der Küche erschienen und hatte dem Gespräch zugehört. Die kleine Lina stand hinter dem Tresen und polierte fanatisch die Gläser zum zweiten- oder drittenmal, als könne sie damit ihre aus den Fugen geratene Welt wieder in Ordnung bringen.

In die Stille hinein fragte der Avvocato: »Wie soll es weitergehen, Carlo? So etwas kann man heute leicht korrigieren.«

Carlo schüttelte den Kopf: »Nein, nein, das habe ich sie auch gefragt. Aber sie hat den Kopf geschüttelt und gesagt: ›Ich bin zwar ein junges, aber altmodisches Mädchen. Schon bei dem Gedanken, Onkel, ist mir, als setze ich mir das Messer an die eigene Kehle.‹« Dann fuhr er fort: »Morgen gegen elf Uhr hat sie eine Unterredung mit Luzzoni. Bis dahin wollen wir abwarten.«

Und dann brach es aus Carlo heraus. Er schlug mit der Faust auf den Tisch. Die Gläser hüpften, die Barberaflasche wackelte gefährlich; der Avvocato, Laura und Lina fuhren zusammen, als er schrie: »Ich bring' ihn um, den Schweinehund!« Stille wie bei einem Granateinschlag.

Und dann sprach Laura. Und sie war so hell und leuchtend, so tapfer und klug wie eh und je. Der Türrahmen zur Küche wurde zum Triumphbogen, als sie sagte: »Nun hör mir bitte mal zu, lieber Mann. Du hast mir ein ganzes Leben lang gepredigt, daß der Geist über die Gewalt triumphiert. Du hast gesagt, daß jede Gewaltanwendung eine Bankrotterklärung des Geistes ist. Nur der geistig Unterlegene greift zur Gewalt. Das sind deine Worte. Laß es nicht zu, Carlo, daß ich an dir zweifeln muß. Und ein Weiteres. Das, was geschehen ist, ist nicht schön. Nein, ganz und gar nicht. Aber es ist auch kein Weltuntergang. Den Frauen dieser Erde ist es immer gelungen, aus den Kindern von gottverdammten Schweinehunden anständige Menschen zu machen. Die letzte, die das hier bewiesen hat, ist schließlich die Baronessa.« Rom hatte gesprochen – causa finita!

Als der Avvocato am anderen Abend in die Trattoria kam, sah er, daß die Stimmung noch düsterer war als am Tag zuvor. Carlo durchbrach auch das Zeremoniell, das vorschrieb, den Freund nicht vor dem Abendessen mit Sorgen und Kümmernissen zu belasten. Er packte den Avvocato am Arm, zog ihn zum Tresen, schob ihm ein Glas Barbera zu und sagte: »Marietta hat heute um zwölf Uhr eine Frühgeburt gehabt. Sie ist im Krankenhaus, und die kleine Laura ist bei uns und schläft schon.«

Der Avvocato schwieg und verkraftete die Nachricht. Carlo erzählte: »Der Schweinehund ist heute um elf Uhr bei ihr gewesen und hat ihr erklärt, sie sei nicht das erste und nicht das letzte Mädchen, das ein uneheliches Kind zur Welt bringe. Im übrigen habe sie durch ihn an einem hochinteressanten Experiment teilgenommen. Er, Luzzoni, habe schließlich wissen wollen, ob sie eine Heilige sei oder nicht. Er könne ihr bindend versichern, sie sei keine Heilige, sondern eine Frau wie jede andere. Dann«, so endete Carlo, »ist er lachend davongegangen.«

Der Avvocato schwieg, in Gedanken versunken. Dann ging er zu Tisch, aß irgend etwas, was Carlo ihm vorsetzte. Hätte man ihn, den Freund der Lebensfreuden, gefragt, was er gegessen habe, er hätte es nicht gewußt. Nachher, beim Rotwein – die Freunde saßen jetzt zusammen am Tisch –, sagte er still: »Wenn man nachgedacht hätte, wenn man nicht so oberflächlich wäre, wenn man nicht in seinen Egoismus eingebunden wäre, dann hätte man das alles kommen sehen müssen. Da ist ein junges Mädchen, das früh Vater und Mutter verloren hat und dem es dadurch naturgemäß an Elternliebe mangelt. Sie heiratet früh, um diesen Liebesmangel auszugleichen. Aber kaum ist das erste Kind geboren, da stürzt der Mann tödlich ab. Und jetzt sitzt sie zu Hause. Bringt morgens um neun Uhr ihr Kind in den Kindergarten und holt es um vier Uhr wieder ab. Was tut sie dazwischen? Gut, sie besorgt das Haus, kümmert sich um die geliebten Blumen, dann kommt das Kind zurück, und es gibt drei, vier Stunden der Liebe, der Abwechslung, der sinnvollen Tätigkeit. Aber dann muß das Kind ins Bett. Die langen, langen Abende allein. Mittwochs kommt der geliebte Onkel. Eine zarte stille Stunde. Eine Stunde in der Woche, wo sich ein Mensch ausschließlich ihrer annimmt. Eine Stunde in der Woche, ist das nicht zuwenig?« fragte der Avvocato sich und die anderen, Carlo, Laura und Lina, die sich um den Tisch versammelt hatten und seinen Worten lauschten wie Kinder, denen ein großer Erzähler die Wahrheiten des Lebens verkündet. Und als er ihre fragenden Augen auf sich gerichtet sah, fuhr er fort: »Ja, man hätte das alles voraussehen können, wenn man nicht in den Kerkern seiner Ichsucht lebte. Marietta gehört ins Leben. Sie muß einen Beruf haben, sie muß arbeiten, leben.«

Carlo unterbrach: »Mi scusi, Avvocato, die Frauen meiner Familie brauchen nicht zu arbeiten.«

Der Avvocato schwieg, intensiv. Und in seinem Schweigen schaute er die von der Tagesarbeit ermüdete Laura an, die kleine Lina, die sechzehn Stunden am Tag arbeitete und werkelte.

»Nun ja«, räumte Carlo unter dem beharrlichen Schweigen des Avvocato ein, »ich meine, Frauen meiner Familie gehen nicht in die Fabrik arbeiten.«

»Wer spricht denn von Fabrik, Carlo? Wir leben im letzten Drittel des zwanzigsten Jahrhunderts. Marietta könnte in einen Heilberuf gehen. Sie hat einen guten Schulabschluß. Bewegungstherapeutin, medizinisch-technische Assistentin, Laborantin, tausend Möglichkeiten bieten sich an. Ich kann sie mir vorstellen in einer Anwalts- oder Notarkanzlei oder bei Signora Carlotta Manzoni als Designerin für Keramiken. Ja, sie hat doch dasselbe schöne Talent wie dein Vater, Carlo, an dessen Bildern wir alle noch unsere Freude haben und die der Trattoria das Besondere geben.« Und als Carlo etwas einwenden wollte, winkte der Avvocato ab: »Ich weiß, Carlo, du hast Marietta einige Male gesagt, sie solle wieder heiraten. Und wenn sie ja gesagt hätte, dann hättest du auch einen Ehemann herangeschleppt. Und wenn es hätte sein müssen, am Kälberstrick. Aber so geht es nicht. Marietta braucht einen Beruf, braucht einen Platz in der Welt, und alles andere wird sich ergeben.« Der schweigsame, zurückhaltende Avvocato hatte eine lange Rede gehalten.

Aber auch diesmal blieb das Schlußwort bei Laura: »Allora«, sagte sie. »Der Avvocato hat recht. Sprechen wir mit der Baronessa und mit Signora Carlotta Manzoni.«

Der Winter in diesem Jahr war mild und trocken. Im März stand der Lago Maggiore schon in voller Blütenpracht. Ende Mai war eine Hitze wie sonst nur im August. Die kurzen Sommergewitter mit gelegentlichen Platzregen waren kein Ersatz für den fehlenden November- und Märzregen. Die Bauern blickten besorgt zum Himmel. Sie hofften ein Wölkchen zu erspähen, das Regen versprach. An einem Abend Ende Mai betrat Cesare, il capitano, einer von Carlos »grandi amici«, die Trattoria. Nachdem er sich am ersten Glas Barbera gelabt hatte – das erste Glas war immer eine Sache des Durstes, erst das zweite war das Glas des Genusses und somit der Sinn des Weines –, sagte er zu Carlo:

»Der deutsche Signor, dieser gewisse Signor Panzer, hat mir einen Brief geschrieben, auf deutsch natürlich, kannst du ihn mir übersetzen?«

»Naturalmente«, sagte Carlo, steckte den Brief ein und machte ein gewichtiges Gesicht.

»Selbstverständlich werde ich dir den Brief übersetzen, heute nach Feierabend oder morgen in den frühen Stunden, wenn Zeit und Ruhe ist.«

Carlo sprach ein paar Brocken Deutsch, gerade soviel, wie er brauchte, um seine Gäste zu bedienen. Aber um einen Brief zu übersetzen, dazu langte es keinesfalls. Aber wenn später am Abend der Avvocato kam, würde ihm dieser sicher den Gefallen erweisen und den Brief übersetzen, und Carlo machte vor seinen Freunden wieder einmal »una bella figura«, wie man zu sagen pflegte.

So geschah es. Als am anderen Tage Cesare, il capitano, die Trattoria betrat, nahm Carlo ihn am Arm und führte ihn in den hintersten Winkel der Trattoria, in dem der alte Beltramini seine Weineuphorien erlebte oder Carlo ab und zu seine großen Träume träumte.

Auf dem Tisch stand eine gute Flasche Barbera. Carlo deutete auf sie und sagte mit herrscherlicher Geste: »Auf Kosten des Hauses.« Das gefiel dem Capitano sehr. Aber als das erste Glas getrunken war, plagte ihn doch die Neugier, denn erst nach dem zweiten Glase wäre die Frage schicklich gewesen: »Nun, was will Signor Panzer von mir?«

Carlo hatte Verständnis für die Neugier des Freundes. Darum sagte er ohne Zögern: »Signor Panzer fragt an, ob du für ihn in der Zeit vom 5. Juni bis 10. Juli in deinem Häuschen am Hafen ein Zimmer, wenn möglich mit Verpflegung, frei hast. Wenn ja, sollst du ihm den Preis mitteilen und den Termin bestätigen. Außerdem will er für diesen Zeitraum deine große Barka und dich als Kapitän anheuern, denn er möchte Fischerferien auf dem See erleben.«

Das war eine gute Nachricht für den Capitano. Ein Zimmer mit Pension, die große Motorbarka und er als Capitano für sechs Wochen, das würde ein schönes Stück Geld bringen. Dennoch fragte er den Freund: »Du bist mir doch nicht böse und denkst, ich hätte dir einen Gast ausgespannt? Bevor du das denkst, Carlo, würde ich ihm absagen.«

»Aber nein, impossibile, wenn du ihm abschreiben würdest, käme er doch nicht zu mir. Wir hatten ein kleines Mißverständnis, nichts von Bedeutung, ein Mißverständnis eben.«

Der Capitano atmete auf, denn seine ungetrübte Freundschaft zu Carlo war ihm wichtiger als ein Sommergast. Freunde waren selten, Sommergäste gab es immer, vor allem, wenn man ein schönes romantisches Haus am Hafen hatte wie der Capitano. So spendierte Cesare il capitano auch eine Flasche vom guten alten Barbera, und die Freunde verlebten eine Stunde der amicizia.

Beim letzten Glase angelangt, fragte Carlo beiläufig: »Siehst du diesen Lumpen, diesen Luzzoni eigentlich noch?«

Cesare dachte nach und sagte langsam: »Ja, so ein- bis zweimal die Woche lungert er für eine Stunde im Hafen herum. Hält Ausschau nach reichen Ausländerinnen, denen er ein Haus verkaufen kann. Soll ich ihm etwas ausrichten?«

»Nein«, wehrte Carlo ab. Doch nach einer Weile fügte er hinzu: »Wenn du ihn siehst, kannst du ihm beiläufig zu verstehen geben, daß ich mein Seegrundstück verkaufen will.«

»Aber Carlo«, wunderte sich der Capitano.

Carlo legte den Zeigefinger an die Lippen, machte »Psst« und fragte leise und eindringlich: »Cesare, wie lange kennen wir beide uns?«

»Seit ich denken kann, Carlo.«

»Siehst du, Cesare, und in all den vielen Jahren hast du mich nicht enttäuscht, und ich habe dich nicht enttäuscht. Ich bitte dich um dein Vertrauen, Cesare.«

Cesare schaute Carlo in die Augen, dann lächelte er und legte langsam die Hand aufs Herz. Die Männer gaben sich die Hand. Keiner sprach ein Wort. Carlo aber dachte, es ist die Freundschaft, die amicizia, die die dunkle Welt hell macht.

Nach Cesares Weggang saß er noch bis Mitternacht. Trank in kleinen, vorsichtigen Schlückchen den roten Barbera, lächelte leise und hintergründig. Dann wieder nahm sein Gesicht den Ausdruck äußerster Konzentration an, als berechne er die Flugbahn ferner Gestirne. Schließlich kam Laura, sah zu und wartete, bis er den letzten Schluck getrunken hatte, und nahm ihn in den Arm. Dann gingen sie beide durch die Trattoria, den glasüberdachten Gang entlang, vorbei an den gestapelten Weinfässern bis hin zu jener Tür, die hinauf zu den Schlafgemächern führte.

Und während sie langsam nach oben gingen, Stufe für Stufe, streichelte Laura zart seinen Arm und flüsterte: »Ich weiß ja alles, ich weiß auch, was du durchgemacht hast in den letzten Wochen und Monaten. Aber du wirst es schaffen, ich glaube an dich.«

»Ich glaube an dich«, war das letzte, was sein weinseliger Geist aufnahm. Dann sank er in einen tiefen, traumlosen Schlaf. Als er am anderen Morgen erwachte, war er ein anderer. Die tiefe Niedergeschlagenheit, die ihn in den vergangenen Monaten, genau gesagt seit Mariettas trauriger Affäre, zu Boden gedrückt hatte, war gewichen. Er war wie ein Feldherr, der seine Truppen sammelte und um den die Zuversicht des Sieges lag.

Zwei Tage später, kurz nach der Siesta, die Trattoria war bis auf Carlo menschenleer, stand plötzlich Mario Luzzoni im Raum. Schön wie Apoll, frech und unverschämt wie eine Hure, Charme und Lebensfreude ausstrahlend.

»Ciao, zio Carlo«, rief er und wollte diesem mit ausgebreiteten Armen entgegeneilen. Aber Carlos harter, erbitterter Blick nagelte ihn fest.

»Ich bin nicht dein Onkel, Luzzoni. Wir haben nicht so schlechtes, verdorbenes Blut in der Familie, Sag, was du hier willst, besser aber noch, geh.«

»Aber Signor Carlo, warum denn so unversöhnlich. Sie müssen doch dafür Verständnis haben. Männer sind nun einmal so. Das wissen

Sie doch selbst. Schöne Frauen machen uns eben schwach. Und Signor Carlo, das müssen Sie doch zugeben, ich habe die Angelegenheit schließlich auf meine Weise doch zur besten Zufriedenheit geregelt.« Carlos Stirnadern schwollen an. Er atmete schwer. Ich weiß jetzt, was es heißt, eine Kröte zu schlucken, dachte er. Und der andere, dieser schamlose Apoll, der vielleicht alles von Frauen, aber gar nichts von Männern verstand, der nicht wußte, daß dieser schweigende Carlo einen heroischen Kampf ausfocht, ihn zu erschlagen oder nicht zu erschlagen, er plapperte frohgemut weiter: »Eigentlich ist doch alles in bester Ordnung, Signor Carlo. Und darum erlaube ich mir die Frage, stimmt es, daß Sie Ihr Seegrundstück verkaufen wollen?«

»Ja«, sagte Carlo mühsam, »aber ich habe dem Avvocato, meinem Freund, eine procura speciale gegeben. Er hat die Generalvollmacht und wird das Grundstück verkaufen.«

Carlo stand auf, schritt auf Mario Luzzoni zu, unaufhaltsam wie das Schicksal. Dann sagte er beherrscht und ruhig: »Ich habe dir nun alles gesagt. Geh nun, geh!«

Und Mario Luzzoni spürte, daß die Luft in der Trattoria sehr dünn geworden war. Die Gefahr stand mitten im Raum. Da gab es für ihn nur eine Reaktion: Flucht. Mit einem Satz sprang er zur Tür des glasüberdachten Korridors. Als er die Weinfässer erreicht hatte, wußte er, daß er dem Bannkreis von Carlos Zorn entwichen war, und rief, nun schon wieder in altgewohnter Frechheit: »Ciao zio.«

Acht Tage später hatte der Avvocato das Seegrundstück an Mario Luzzoni mit Wissen und Willen von Carlo verkauft. Der Preis war niedrig. Eine Bagatelle. 3000 DM, einige hunderttausend Lire. Während der Notar den Kaufakt vorlas – der Avvocato lauschte kühl und reserviert, er kannte den Text, denn er hatte ihn aufgesetzt –, saß Luzzoni da wie eine Hyäne in Lauerstellung. Das Geschäft seines Lebens. Das vielbegehrte Seegrundstück, für das er schon einen festen Käufer hatte. Die Stimme des Notars floß an ihm vorbei. Ab und zu tauchte er auf aus seinen Träumen und hörte dann Sätze wie: »... erwirbt das Grundstück in seinem jetzigen Zustand. – Mit allen Rechten und Pflichten ... einschließlich aller Lasten und Wegerechte ... Dem Käufer sind Größe und Umfang des Grundstücks, wie im beiliegenden Plan aufgeführt, bekannt ... erwirbt das Grundstück in Kenntnis aller Besonderheiten, die sich aus seiner Lage ergeben.«

»Worte«, dachte Luzzoni, »alles nur Worte.« Er würde einen riesenhaften Gewinn machen. Er hatte diesen dummen Bauernwirt, diesen dünkelhaften Besserwisser, hereingelegt. Hereingelegt ... hereingelegt, tönte es in ihm, als er lässig und elegant den Kaufvertrag unterschrieb.

Mario Luzzoni fuhr allein, gedanklich aber in einem Triumphzug zum Seegrundstück. Den

Giardiniere Pagarnie, den größten Gärtner der Seeregion, hatte er dorthin bestellt. So wie die Gauner einstmals im goldenen Westen Amerikas, während des Goldrausches, ausgebeutete oder ertraglose Minen mit Goldnuggets »salzten«, so hatte er beschlossen, das Grundstück mit Palmen, Oleanderbüschen und Kamelien zu verschönern oder zu salzen, um einen optimalen Verkaufspreis zu erzielen. Als der Giardiniere Zweifel am Sinn dieser Investitionen äußerte, sagte Luzzoni kühl, er möge sich doch nicht den Kopf zerbrechen. Wenn er den Auftrag nicht ausführen möchte, nun, es gäbe genügend Gärtner am Lago Maggiore, die sehr dankbar, und er betonte noch einmal, sehr dankbar für einen solchen Auftrag wären.

Der 5. Juni kam, und mit ihm Signor Panzer, der Mann, der alles bekam, was er wollte. Die Sonne brannte erbarmungslos vom Himmel, die Erde dürstete nach Regen, aber die Touristen, gleichgültig ob auf dem Campingplatz oder in den herrlichen Villen am Seeufer, erlebten ihren Traumurlaub.

Am Abend, zu später Stunde, die letzten Gäste waren gegangen, nur der Avvocato und Carlo saßen noch bei einer Flasche Barbera, kam Cesare, il capitano, in die Trattoria.

»Verzeih Carlo, daß ich jetzt erst komme. Aber dieser Signor Panzer hat mich den ganzen Tag in Atem gehalten. Gestern den ganzen Tag auf See, heute ebenfalls, und auch am Abend will er Gesellschaft haben. Ich sage dir, ein Mann wie ein Dynamo.«

Carlo lächelte. »Ja, du hast es getroffen, ein Mann wie ein Dynamo, einer, der weiß, was er will. Man könnte auch sagen«, philosophierte Carlo, »ein Mann, der durch die Wand geht.«

»Genau, genau«, jubelte der Capitano. »Wie ein Panzer, er heißt ja auch so ...«

Carlos Augen wurden feucht. »O Freunde, Freunde«, stammelte er und öffnete noch eine Flasche Barbera. »Du könntest dem Signor Panzer sagen, daß Luzzoni ein Grundstück mit Seeanschluß zu verkaufen hat«, meinte Carlo beiläufig.

Der Capitano, mit Verschwörerblick die schwarzen Locken aus der Stirn streichend, sagte: »Ich habe mir erlaubt, ein wenig mitzudenken, und habe es dem Signor Panzer bereits gestern gesagt. Das ist auch der Grund, warum ich heute abend frei habe. Luzzoni und Panzer sitzen zusammen und reden über nichts anderes als über das Grundstück mit Seeanschluß. Und morgen vormittag habe ich auch frei, weil sie dann beide das Grundstück besichtigen wollen. Und übermorgen vormittag wollen sie, so habe ich ihrem Reden entnommen, zum Notar. Es geht alles furchtbar schnell.«

»Ja«, sagte Carlo, »das glaube ich, der Signor Panzer ist ein Mann, der immer bekommt, was er will. Und ... was er einmal hat, das gibt er nicht mehr her.«

Carlo nippte an seinem Wein. Als er ihn heruntergespült hatte, sog er kräftig die Luft durch den Mund ein, um das volle Aroma auszukosten. Dann lachte er leicht. Ein Lachen, das aus dem Bauch kam. Eigentlich lachte er gar nicht, sondern es lachte in ihm. Lachte aus ihm heraus wie eine höhere Instanz, vielleicht war es das Lachen der Gerechtigkeit.

Die Freunde, die ahnten, aber nicht wußten, was in Carlo vorging, sahen ihn erstaunt an, und der Avvocato meinte: »Carlo, Sie gehen über dünnes Eis.«

»Si, si, avvocato«, entgegnete Carlo, »aber wenn man, über dünnes Eis gehend, die Mitte des Sees erreicht hat, dann sind die Erfolgsaussichten, das andere Ufer zu erreichen, um hundert Prozent gestiegen, und das ist doch etwas!«

»Allora«, sagte der Avvocato, »darauf wollen wir trinken. Und jetzt, meine Herren, es ist tiefe Nacht. Der andere Tag braucht unsere Kräfte.«

Dem stimmten alle zu und hoben die Runde auf.

Zwei Tage später kaufte der Signor Panzer das Grundstück am See. Eine Landzunge, die in den See hineinragte, mit Palmen bestanden, mit Oleander, Jasmin, Hibiskus umsäumt, der Traum einer germanischen Seele, das weiße Haus am See unter südlicher Sonne. Er zahlte einen exorbitanten Preis, das Dreißigfache von dem, was Carlo von Luzzoni erhalten hatte. Porto staunte.

Kann man das fassen! Der klügste Mann im Ort läßt sich von einem Cretino wie Luzzoni hereinlegen. Wenn schon der dumme Deutsche solche Preise zahlte, dann hätte man das Geld lieber in Carlos Tasche gesehen als in der des Mario Luzzoni. Porto staunte, aber es lachte nicht. Porto zweifelte, und das war schlimmer. Der Zweifel tat weh. Als die Affäre bekannt wurde, kam Laura, küßte ihren Mann und sagte: »Wie das auch immer ist und sein wird, ich vertraue dir, und ich werde nie eine Sekunde an dir zweifeln.«

Die Welt gewöhnt sich an alles. Porto gewöhnte sich daran, daß Carlo nicht mehr der klügste Mann des Ortes war. Sie spotteten nicht, die Leute. Aber sie begegneten Carlo mit Nachsichtigkeit, sprachen mit ihm, wie man mit sehr kranken Menschen spricht. Carlo stand das durch. Denn die Freunde umgaben ihn wie eine Mauer. Der alte Beltramini sprach sein Wort. »Freundschaft ist keine Schönwettersache. Über Irrtum diskutieren wir gar nicht. Basta finito«, sagte er. Tino der Schmied, der Mann mit dem Alfa, meinte und schlug dabei grimmig auf seinen Amboß, ein irrender Carlo sei ihm noch immer lieber als zwei gelackte Klugscheißer. Cesare, il capitano, steckte den Zeigefinger in den Mund, machte ihn naß, hielt ihn in die Luft, schaute verschwörerisch im Kreise und prophezeite: »Wer weiß denn schon, von woher morgen der Wind weht, he, wer weiß das schon? Und«, er erhob die Stimme, »es ist nicht aller Tage Abend.

Bei der Madonna, es ist noch nicht aller Tage Abend.«

Der heiße, trockene Sommer ging zu Ende. Die Bauern seufzten über die magere Ernte, doch die Winzer brachten einen Jahrhundertwein in die Kelter.

Der Spätherbst kam. Endlose Regenfälle. Das piemontesische Ufer war tagelang nicht sichtbar. Das war kein Regen. Wasservorhänge, kaskadengleich, stürzten vom Himmel. Die Bauern seufzten: »Zu spät, zu spät«, aber der große Regen gab Hoffnung fürs nächste Jahr. Im Dezember brach der Winter aus. Er überfiel die Menschheit wie ein Raubtier. Sein Prankenschlag war eiskalt, seine Tatzen durch Eiszapfen gestählt. Sein Riesenmaul geiferte Schneeflokken hervor, so groß wie Untertassen. Ein Schneefall, wie seit Menschengedenken nicht mehr. Die Schneepflüge zerbrachen. Die Menschen schaufelten sich Wege zueinander. Schächte der Kommunikation, der Nachbarschaft, der Hilfe und des Austausches. Und als im Frühjahr das große Tauen begann, deckten die Dachlawinen die Dächer ab, rissen die Schornsteine zu Boden. In den Bergen setzte die große Schneeschmelze ein. Da wurde der Ticino zu einem reißenden Strom, kleine Rinnsale zu brausenden, unwiderstehlichen Fluten, die mitrissen, zerstörten, Straßen unterspülten und in die Keller der Häuser einbrachen. Auch Carlos Haus war betroffen. Fast alle Häuser in Porto. Aber genauso, wie

Carlo in Eis und Schnee unerschütterlich geblieben war und alle Unbill ertragen hatte, so blieb er auch jetzt in der großen Flut gelassen, trostreich und mannhaft. »So ist das eben, ihr Leute«, verkündete er, nachdem in der Trattoria das Wasser abgeflossen war. »Auf einen trockenen Sommer folgt ein nasser Winter. Die Natur sorgt für den Ausgleich. Die Gerechtigkeit, meine Freunde, liegt im Ausgleich.« Der Dorfphilosoph von Porto war ungebrochen.

Und endlich waren alle Wasser abgelaufen. Der Lago Maggiore hatte sie alle geschluckt, der See war nicht über die Ufer getreten, lediglich sein Pegelstand war um zwei Meter fünfzig gestiegen. Aber das kannten die Leute vom See. Im Laufe des Sommers würde der Pegel um einen Meter sinken und hatte dann wieder seinen normalen Stand. Der Frühling kam in diesem Jahr spät. Erst im April stand der See im Frühlingskleid. Die ersten Touristen trafen ein, mußten aber immer noch Regen in Kauf nehmen. Ende Mai, Anfang Juni stabilisierte sich das Wetter, und Cesare, il capitano, stand eines Tages wieder in der Trattoria mit einem Brief des Signor Panzer, der sein Kommen für den 15. Juni ankündigte. Er bestellte noch ein Zimmer mehr, denn er wollte seinen Architekten mitbringen, um die Planung der Bebauung seines Seegrundstücks durchzuführen. Porto war stumm. Was sollte man dazu sagen! Am besten nichts. Zuschauen, was geschehen würde. Ja, das war die Parole.

Signor Panzer kam mit dem Wagen. In seinem Gefolge ein genialischer Architekt, der davon sprach, im Spannungsgebiet von See und Gebirge ein Haus zu errichten, in dem die dynamische Persönlichkeit von Signor Panzer Verwirklichung, aber auch Erfüllung finden sollte. Sie waren kaum in Cesares Haus angekommen, da litt es sie nicht, sie mußten hinaus zum Grundstück am See. Sie fuhren etwas zu schnell die engen Kurven der Uferstraße, um zu jener mit Palmen bestandenen, von Oleander und Hibiskus umsäumten Landzunge zu kommen, von der Signor Panzer dem Architekten seit Tagen vorgeschwärmt hatte.

Sie kamen auch an die Stelle, an der die liebliche Landzunge sich in den See erstreckt hatte. Nichts mehr von alledem. Die Landzunge war im See ertrunken. Fünfzig Meter im See draußen sah man noch einige Palmenwedel, die sich traurig im Wellenschlag des Sees wiegten.

Der Signor Panzer brüllte auf. Nahm den berühmten Architekten, sprang in den Wagen und fuhr davon, zurück zu Cesare. Als sie an seinem Haus ankamen, sahen sie den Capitano schon am Hafenbecken stehen. Der Dieselmotor seiner Barka tuckerte.

»Was ist mit dem Grundstück geschehen?« schrie Signor Panzer.

Der Capitano zuckte die Schultern und sagte: »Ich habe auf Sie gewartet, das Schiff steht bereit, fahren wir über den See zu Ihrem Grundstück.«

Sie fuhren los und waren nach zwanzig Minuten an jener Stelle, an der im vorigen Jahr das Traumgrundstück des Signor Panzer gewesen war. Versunken, versunken in den Wassern des Lago Maggiore wie weiland Vineta. Der Capitano ließ die Barka über der Landzunge treiben. Nach einer Weile sagte Signor Panzer: »Ihr habt mich alle betrogen. Alle, ganz Porto, und ihr habt alle über mich gelacht. Keiner hat mich gewarnt.«

»Signor«, sagte der Capitano, und man merkte, daß er durch Carlos Schule gegangen war, »wenn Sie sich im Spiegel sehen würden, wüßten Sie, daß man einen Mann wie Sie nicht warnen kann.«

Sie fuhren zurück zum Hafen. Der geniale Architekt packte die Koffer, fuhr mit dem Taxi nach Lugano und nahm von dort den Fernschnellzug nach Deutschland. Nur keine Zeit verlieren, war seine Devise.

Den Signor Panzer sah man sehr still und in sich zurückgezogen am Seeufer dahinwandern. Träumte er von Vineta? Dann aber kam das Unvermeidliche. Drei Tage später stand er am frühen Nachmittag in der Trattoria.

Carlo geleitete ihn höflich zu Tisch und fragte nach seinen Wünschen. »Eine Flasche Barbera und eine Flasche aqua minerale.« Bald stand beides auf dem Tisch, und Signor Panzer bat sehr höflich, Carlo möge sich doch ein Glas holen und Platz nehmen. Carlo folgte der Einladung.

Nach einer Weile des Schweigens begann Signor Panzer: »Signor Carlo, Sie haben mich zum Narren gemacht und zum Gespött des ganzen Ortes. Sie haben Ihr Seegrundstück an einen Lumpen verkauft, von dem Sie wußten, daß er nichts Eiligeres tun würde, als das Grundstück wiederum an mich zu verkaufen.«

»Wie können Sie mir solch einen Vorwurf machen, Signor Panzer? Wenn Sie sich unseres Gesprächs erinnern, wird Ihnen einfallen, daß ich Ihnen gesagt habe, daß es in jedem Fall unklug ist, ein Grundstück kaufen zu wollen, das man nicht gesehen hat. Weil Sie ein Fremder waren, der nicht wissen konnte, daß das Grundstück von zehn Jahren neun Jahre unter Wasser steht, habe ich Ihnen das Grundstück nicht verkauft. Als aber ein Einheimischer kam, der das Grundstück und seine Nachteile genau kannte, ja dieses sogar im Kaufvertrag bescheinigte, habe ich ihm dieses Grundstück zu einem geringen Preis verkauft.«

Um seine Worte zu bekräftigen, eilte Carlo zu einem verschlossenen Schrank, der an der Stirnwand der Trattoria stand und die Dokumente des Hauses beherbergte, und holte den schon vorsorglich bereitgehaltenen Kaufvertrag. Tatsächlich, da stand geschrieben: »Der Käufer erwirbt das Grundstück in Kenntnis aller Besonderheiten, die sich aus seiner Lage ergeben.« Und dann stand da auch noch der Preis, und Signor Panzer mußte zur Kenntnis nehmen, daß er das Dreißigfache von dem bezahlt hatte, was Carlo für sein

Grundstück erhalten hatte. Es folgte ein längeres Schweigen, denn diese Tatbestände mußten erst verarbeitet werden.

Panzer brach das Schweigen und sagte: »Signor, Sie sind so unschuldig wie Pontius Pilatus.«

»Ich bin noch nie mit einem König verglichen worden. Wenn Ihr Vergleich mich auch ehrt, Signor Panzer, er trifft dennoch nicht zu. Wenn Sie zu sich selbst ehrlich sein könnten, statt andernorts Schuldige zu suchen, so müßten Sie feststellen, daß Sie nicht mit der Sorgfaltspflicht eines ordentlichen Kaufmanns gehandelt haben. Aber Sie wollten das Seegrundstück besitzen, um jeden Preis. Und das ist allemal der schlechteste Preis. Warum haben Sie nicht bei mir nachgefragt, warum ich das Grundstück nicht Ihnen, sondern dem Lumpen Luzzoni verkauft habe? Hätten Sie mich gefragt, ich hätte Ihnen die Wahrheit nur verschweigen können um den Preis meiner Ehre. Und der Preis wäre mir zu hoch gewesen. Wenn Sie den Grundstückskauf so gehandhabt hätten, wie Sie in Deutschland Ihre Geschäfte tätigen, und Sie sind dort ein großer Mann, habe ich mir sagen lassen, so wäre Ihnen die Sache nicht passiert.«

Signor Panzer verdaute die Belehrung. Dann bewies er, daß er doch ein großer Mann war, als er sagte: »Was Sie gesagt haben, Signor Carlo, tut meiner Eigenliebe sehr weh. Aber, der Teufel soll es holen, Sie haben recht.«

Und als habe sie alles verstanden, Wort für Wort, trat Laura an den Tisch, stellte eine neue Flasche Barbera hin, lächelte strahlend und sagte: »Complimenti, Signore, complimenti.«

Signor Panzer lachte schallend. Dann sagte er, ganz Mann der Tat: »Was ist zu tun, was ist zu empfehlen, Signor Carlo?«

Der zog eine Visitenkarte aus der Tasche. »Dies hier ist die Anschrift meines Freundes, des Avvocato. Ein Mann, der mit deutschem und italienischem Recht gleichermaßen vertraut ist. Verklagen Sie Luzzoni wegen Betrugs und auf Wiedergutmachung. Mein Freund, der Avvocato, wird diesen Prozeß führen und gewinnen. Die Rechtslage ist so angelegt, daß Sie gewinnen müssen!«

Signor Panzer schaute Carlo an, und in ihm regte sich eine Ahnung, die er jedoch nicht zu artikulieren vermochte. Stunden später saß Signor Panzer im Büro des Avvocato und erzählte diesem seine Leidensgeschichte. Obwohl der Avvocato diese von Anlage und Entwicklung her kannte, hörte er sich geduldig, und ab und zu intelligente Fragen stellend, die Storia des Signor Panzer an.

Nach einer Weile des Nachdenkens sagte er: »Signor Panzer, ich rate Ihnen, stellen Sie bei der Staatsanwaltschaft Luino Strafanzeige wegen vorsätzlichen Betrugs. Gestützt auf das Urteil des Strafrichters, verklagen wir dann Mario Luzzoni beim Tribunal in Varese in einem Zivilprozeß auf Wiedergutmachung des Ihnen entstandenen Schadens.«

Dem Signor Panzer gefielen der Rat und auch die überlegte und dennoch zupackende Art des Avvocato. Er unterschrieb die notwendigen Prozeßvollmachten sowie einen bemerkenswerten Scheck als Unkostenzuschuß. Als Signor Panzer das Büro des Avvocato verließ, schaute dieser sinnend hinter ihm her und dachte, es ist doch alles möglich auf dieser Welt, jetzt produziert Carlo mir auch schon die Klienten.

Nachdem der Strafantrag gestellt war, entfaltete Carlo – durch den Avvocato natürlich bestens informiert –, eine fieberhafte Tätigkeit. Keiner wußte, weder die Frauen noch der Avvocato, noch die Freunde, was Carlo eigentlich trieb. Mal wurde er in Laveno, mal in Baveno, in Arona, Ispra, Angera, Verbania oder Cannero gesehen. Man wollte ihn auch auf Ämtern und Bürgermeistereien erspäht haben. Keiner wußte sich darauf einen Reim zu machen. Aber gespottet wurde nicht mehr über Carlo. Zwar konnte man die Weitläufigkeit seiner Aktionen und Pläne nicht überblicken, aber eines wußte Porto genau: Dieser Carlo vom Frieden war nicht der Tropf, den ein Luzzoni in die Pfanne hauen konnte. Porto stand in Wartestellung!

Und nun war der Prozeßtag gekommen, auf den man so schmerzlich gewartet hatte. Alle waren da. Beltramini, der seit zwölf Stunden keinen Wein getrunken hatte, um alles genau miterleben zu können, Tino der Schmied, Cesare, il capitano, und auch der dicke Maresciallo. Und natürlich Carlo, der Wirt der Trattoria.

Der Gerichtssaal war bis auf den letzten Platz besetzt, und draußen warteten die Enttäuschten, die keinen Platz gefunden hatten. Denn die Menschen empfanden, daß sich hier ein Zweikampf vollzog zwischen ihrer und einer fremden Welt. Der Welt der Gauner, der Verführer. Der Welt der Städte mit ihrem falschen Glanz und flinken Zungenschlag, in der Anstand sich nicht durch Würde, sondern durch alerte Manieren darstellte.

Der Richter betrat den Saal. Die Menschen erhoben sich. Die Parteien hatten sich formiert. Dort der Staatsanwalt, gegenüber der Angeklagte mit seinem Anwalt, und in der ersten Reihe Signor Panzer als Betroffener und der Avvocato. Hinter dem Avvocato Carlo. Sauber gewaschen, rasiert, glänzend wie eine Nuß und voller Konzentration. Die Präliminarien liefen. Der Richter, ein weiser alter Mann mit einem Gesicht wie aus alten Bildern, eröffnete den Prozeß des Volkes der Republik Italien gegen Mario Luzzoni.

In der emotionslosen Sprache der Jurisprudenz wurde der Tatbestand vorgetragen, dann hatte der Staatsanwalt das Wort. Er schilderte den Betrug an einem Fremden. Ein wissentlicher Betrug mit dem Willen zur Schädigung. Aber er zeichnete auch ein Porträt des Angeklagten, dieses Mannes zwischen Nacht und Morgen, der schon immer am Rand des Gesetzes balanciert und der sich darauf spezialisiert hatte, alleinstehenden Frauen Immobilien von zweifelhaftem Wert zu verkaufen. »Aber dieses Mal«, der junge Staatsanwalt hob die Stimme, »hat er die Scheidemarke zwischen Recht und Unrecht deutlich übertreten. Ich bitte das hohe Gericht um die gesetzlich zulässige Höchststrafe, um deutlich zu machen, daß wir die Rechte unserer Bürger, aber auch die Rechte unserer Gäste zu schützen wissen.«

Der Richter, ganz in sich versunken, löste sich aus seiner Konzentration und sagte: »Die Verteidigung bitte.«

Der Mailänder Anwalt erhob sich. Die Robe geöffnet, so daß der elegante grauseidene Schneideranzug sichtbar war, trat er nach vorn. Er konnte nicht im Stehen sprechen, er mußte schreiten, sich bewegen, das Schwingen des Talars genießen, wenn er tänzerisch eine Halbpirouette drehte.

»Signor Giudice«, begann er. »Ein großer Aufwand an Worten ist hier nicht nötig. Der Fall ist einfach und klar. Ein Mann verkauft ein Grundstück, zugegeben zum Vielfachen seines eigenen Erwerbspreises. Aber das ist doch bei allen guten Geschäften so? Der Erfolg, Herr Richter, besteht doch im Kaufmannsleben darin: billig einkaufen, teuer verkaufen. Die Wirtschaft der freien Welt basiert darauf. Aber er hat weit über dem wirklichen Wert verkauft, so erhebt sich der Vorwurf. Was ist eigentlich der Wert eines Grundstücks, einer Sache? Der Wert wird nie vom Verkäufer definiert, sondern letztlich immer vom Käufer. Dem Signor Panzer war das Grundstück mit Seeanschluß den Preis wert, den er bezahlt hat, sonst ...«, fuhr er mit leiser, aber eindringlicher Stimme fort, »hätte er ihn ja nicht bezahlt. Den Einwand der Überteuerung und preislichen Übervorteilung lehnen wir somit entschlossen ab.

Kommen wir zum zweiten Vorwurf des Herrn Staatsanwalts. Mein Mandant habe ein Grundstück verkauft, das ein Jahr nach Kauf überflutet sei. Ein Freund von mir, ein Mailänder, hat hier in den Bergen bei Brezzo di Bedereo ein wunderschönes Grundstück in Hanglage gekauft. Als er zu bauen begann, stellte man fest, daß dort, wo die Fundamente geplant waren, ein alter Flußlauf mit Treibsand war. Man mußte sechs Meter tief graben, bis man auf gewachsenen Boden kam, auf den man die Fundamente setzen konnte. Ein Schaden von 10 Millionen Lire. Ist nun der Mann, der das Grundstück verkaufte, ein Betrüger? Wohl kaum. Gestatten Sie mir, Euer Ehren, die rhetorische Frage: Hätte der Kläger wohl Strafantrag gestellt, wenn auf dem besagten Grundstück eine Ölquelle gesprudelt hätte? Hätte er dann meinem Mandanten eine Nachzahlung von 50 Millionen Lire gegeben, weil das Grundstück wertvoller war, als es den Augenschein hatte? Fragen über Fragen, Euer

Ehren. In Wahrheit ist es doch so: Der Kläger, der die Strafanzeige gegen meinen Mandanten bewirkt hat, hat unter den gleichen Marktgesetzen, unter denen mein Mandant ein bescheidenes Grundstücksgeschäft abgewickelt hat, in der Bundesrepublik ein Millionenvermögen in D-Mark gemacht. Nun, da sich einmal die Gesetze des Marktes gegen ihn auswirken, ist er ein schlechter Verlierer und ruft: Betrug, Betrug! Signor Giudice, Euer Ehren«, letzte kunstvolle Drehung, elegant rauschte der Saum der Robe und beschrieb einen fast vollkommenen Halbkreis, eine kleine Verbeugung, in der so viel intellektueller Hochmut lag, »in Anbetracht des Tatbestandes plädiere ich, die Strafanzeige auf Kosten der Staatskasse abzuweisen.«

Warum brandete kein Beifall für den großen Mailänder Anwalt auf? Er war es so gewohnt. Er war es gewohnt, daß der Hammer des Richters nach seinem Plädoyer Ruhe erzwang, denn Beifalls- oder Mißfallenskundgebungen vor Gericht sind nicht erlaubt, aber menschlich. Er schaute den Richter an. Der saß ganz still auf seinem überhöhten Platz und hatte die Hände wie ein Dach an die Nasenwurzel gelegt. Man sah von seinem Gesicht nicht mehr den empfindsamen Mund, und auch die scharfe Nase war unter dem Zelt seiner Hände verschwunden. Man sah nur die hohe Stirn und die großen, wissenden Augen.

»Danke, Herr Anwalt«, sagte der Richter. Dann nahm er die Hände vom Gesicht und schaute in den Saal. Da saßen sie, die Menschen von Porto, von Luino, von der Seeregion, benommen von diesem Plädoyer, in dem sie erfahren hatten, daß schwarz weiß ist und böse gut. Er sah ihre fragenden Augen, er hörte die Fragen aus ihren stummen, aufgerissenen Mündern: »Signor Giudice, dein Vater, dein Großvater haben hier über uns Gericht gehalten, Gericht über unsere Sünden, Fehler und Schwächen. Wir haben ihr Urteil immer verstanden, und wir haben es angenommen. Aber sag, Signor Giudice, was ist das?« In das antwortheischende Schweigen der Menge hinein sagte der Richter zum Anwalt des Signor Panzer: »Avvocato, ich weiß, daß Ihre große Stunde erst im Zivilprozeß vor dem Tribunal in Varese kommt. Da wir aber um Wahrheitsfindung bemüht sind, frage ich Sie, ob Sie etwas aus der Sicht des Klägers, Ihres Mandanten, zu sagen haben?«

Der Avvocato stand auf, verbeugte sich. Auch er trat aus der Sitzreihe und ging nach vorn. Er stellte sich neben Mario Luzzoni an die Anklagebank. Die Welt war in dieser Stunde für alle sehr klein geworden.

»Euer Ehren«, begann der Avvocato und schaute in die kugelrunden Augen Carlos. »Euer Ehren, dem forensischen Erlebnis, das uns unser verehrter Kollege beschert hat, habe ich nichts entgegenzusetzen. Mir bleibt nichts anderes, als mich mit den Fakten abzuplagen.

Der Angeklagte ist nicht gleichzusetzen mit jenem biederen Grundstücksverkäufer, der dem

Freund unseres Mailänder Kollegen ein Stück Land in Hanglage bei Brezzo di Bedero verkauft hat. Dieser Verkäufer wußte nicht, daß sich drei oder vier Meter unter der Erde ein verschütteter Bachlauf mit Schwemmsand befand. Er verkaufte bona fide, guten Glaubens. Der Angeklagte verkaufte aber nicht bona fide, sondern wider besseres Wissen. Und er hat uns allen zu Gefallen dies schriftlich niedergelegt. Euer Ehren, ich überreiche Ihnen als Beweismittel dafür den Kaufvertrag zwischen Mario Luzzoni und dem Gastwirt Carlo von der Trattoria della Pace. In diesem Kaufvertrag ist aufgeführt – und, Euer Ehren, der Kaufvertrag ist von mir aufgesetzt –, daß Mario Luzzoni das Grundstück erwirbt in Kenntnis aller Besonderheiten, die sich aus seiner Lage ergeben. Mario Luzzoni wußte, was er erwarb. Signor Panzer wußte es nicht. Die Unkenntnis allein aber genügte dem Angeklagten nicht. Er griff zu weiterer Täuschung. Euer Ehren, im Saal befindet sich der Giardiniere Pagarnie. Würden Sie gestatten, daß er vortritt und einige Fragen beantwortet?«

Der Richter nickte zustimmend.

Der Gärtner Pagarnie trat vor.

»Signor Pagarnie«, fragte der Avvocato, »Sie kennen diesen Mann.« Er schaute dabei den Gärtner an und legte zugleich die Hand auf die Schulter Luzzonis. Der zuckte zusammen, wagte aber keinen Widerspruch. »Wann haben Sie diesen Mann zuletzt gesehen?«

»Nun, Avvocato, den Tag kann ich Ihnen nicht benennen. Aber es war wenige Tage, nachdem Signor Luzzoni das Seegrundstück von Signor Carlo gekauft hatte.«

»Was hat sich zugetragen?« forschte der Avvocato.

»Nun, Signor Luzzoni hat mich zum Seegrundstück bestellt. Wir trafen uns dort, und er gab mir Anweisung, das Seegrundstück mit Palmen, Oleander, Hibiskus und Jasmin zu bepflanzen. Er wollte von mir wissen, was ich für eine Million Lire dort anpflanzen könne. Nun gut, ich sagte ihm das, und dann gab er mir den Auftrag, die Bepflanzung des Seegrundstücks vorzunehmen. Ich sagte ihm, daß das doch eine ziemlich sinnlose Angelegenheit sei, da das Grundstück mit Sicherheit im nächsten, und wenn nicht, im übernächsten Jahr überflutet würde. Ich sagte ihm wörtlich: Man kann doch keinen Garten ins Wasser pflanzen. Aber er bestand darauf, und zwar ziemlich heftig. Nun gut, Euer Ehren, ich hatte Signor Luzzoni gewarnt, aber ich kann natürlich keinen daran hindern, sein Geld in den Lago Maggiore zu werfen.« Der Giardiniere verbeugte sich.

»Haben Sie noch Fragen an den Zeugen?« fragte der Richter den Anwalt des Angeklagten. Der winkte ab. »Herr Staatsanwalt?« Der schüttelte verneinend den Kopf. »Avvocato?« fragte der Richter.

Der Avvocato nahm die Hand von der Schulter

des Angeklagten, schaute den Richter an und sagte: »Nein, Euer Ehren, es ist alles gesagt. Die Fakten wiegen schwerer als Worte, obwohl auch Worte ein Erlebnis sein können«, und er schaute dem Mailänder Anwalt voll ins Gesicht. »Doch, da wäre noch eine verfahrenstechnische Frage, Euer Ehren. Wir werden nach ergangenem Spruch dieses Gerichts Zivilklage vor dem Tribunal in Varese erheben. Es wäre wichtig, wenn dieses Gericht hier den finanziellen Status des Angeklagten feststellen würde. Falls der Angeklagte mittellos sein sollte, wären die Kosten einer Klage vor dem Tribunal nicht zu rechtfertigen.«
Der Richter griff den Ball auf.

»Angeklagter«, fragte er, »besitzen Sie Vermögen, und wenn ja, in welcher Höhe?«

Luzzoni sprang auf, legte die Hand auf das verräterische Herz und sagte: »Ich bin völlig mittellos, Euer Gnaden.«

»Dann wollen wir diese Aussage eidlich festhalten, Angeklagter«, verfügte der Richter, sagte die Eidesformel vor, Luzzoni sprach ihm nach und leistete den Offenbarungseid. Unruhe im Gerichtssaal. Carlo tuschelte laut und aufgeregt und reichte dem Avvocato ein amtlich aussehendes Schriftstück. Der, nach sekundenschnellem Studium, stand auf und sagte: »Verzeihen Sie, Signor Giudice, wenn ich den Gang der Verhandlung noch einmal unterbreche. Hier ist soeben ein Meineid geleistet worden. Wir alle waren Zeugen. Und hier ist der Beweis, der mir eben zur

Kenntnis gelangt ist. Dies ist«, und der Avvocato hielt das Schriftstück hoch in die Luft, »der Katasterauszug der Gemeinde Angera, wonach Mario Luzzoni Besitzer der Villa Irena in Angera ist. Das Grundstück, auf dem sich die Villa befindet, ist 2800 Quadratmeter groß, hat Seeanstoß, eigenen Hafen und einen Verkehrswert von 150 Millionen Lire.«

Der Avvocato legte das Dokument auf den Richtertisch. Ein Stöhnen ging durch den Saal. Sekundenlang hatten die Menschen kaum gewagt zu atmen. Der Seufzer der Menge war die große Befreiung. Der Richter erhob sich, sammelte seine Papiere und ging ruhigen Schrittes hinaus. Der Gerichtsdiener rief: »Das Gericht zieht sich zur Beratung zurück.«

Mit wem würde er sich wohl beraten, der Einzelrichter? Mit seinem Vater, mit seinem Großvater und all den Männern seiner Familie, die in dieser Region Recht gesprochen hatten? So dachten die Menschen im Saal.

Nach einer Weile kehrte der Richter zurück und verkündete, stehend, das Barett auf dem Haupt, das Urteil im Namen des Volkes der Republik Italien:

»Der Angeklagte Mario Luzzoni wird wegen schweren erwiesenen Betruges zu einer Geldstrafe von drei Millionen Lire verurteilt. Der Angeklagte wird wegen erwiesenen Meineides vor Gericht mit der vorgesehenen Strafe von einem Jahr Gefängnis bestraft. Gelesen, beschlossen und verkündet. Die Sitzung ist geschlossen.« Der Hammer des Richters setzte den letzten Punkt unter das Urteil.

Wenige Wochen später war die Zivilprozeßverhandlung vor dem Tribunal in Varese. Signor Panzer war aus Deutschland angereist, um den großen Tag mitzuerleben. Der Mailänder Staranwalt war nicht erschienen. Er hatte mitteilen lassen, er betreibe keine Bauernadvokatur. So stand dem Mario Luzzoni nur ein junger, dafür aber besonders eifriger Pflichtverteidiger zur Verfügung. Aber auch er vermochte weder die Fakten noch die Beweiskette des Avvocato zu sprengen. Das Urteil wurde für den Avvocato und Signor Panzer, mehr aber noch für Carlo und seine Freunde, zum Triumph. Der Kernsatz lautete: »Das Vermögen des Mario Luzzoni ist heranzuziehen, um die Ansprüche des Geschädigten und der Republik Italien zu erfüllen.« Mario Luzzoni war an seiner empfindlichsten Stelle getroffen, beim Geld! Alles, was er sich im Laufe der Jahre erschwindelt hatte und womit er die Villa Irena realisiert hatte, kam unter den Hammer.

Dieser Tag war Carlos großer Triumph. Er hatte seinen Feind nicht nur als meineidigen Betrüger entlarvt, sondern ihm auch seine erschwindelte Beute entrissen. Aber es war noch nicht alles getan. Wenige Tage vor der Versteigerung der Villa Irena schwärmten Carlo und seine Freunde aus in die Dörfer, Städtchen und Flecken am See. In

Trattorien und Tavernen verbreiteten sie die Kunde, es sei gänzlich zwecklos, in der kommenden Versteigerung der Villa ein Angebot zu machen. Der Signor Panzer, ein Mann, »molto, molto ricco«, würde jedes Angebot überbieten. Er wolle die Villa um jeden Preis, und er sei ein Multimillionär in D-Mark.

Zweifellos war Signor Panzer ein wohlhabender Mann, aber Carlo und seine Freunde machten aus ihm einen wahren Krösus. Als der Tag der Versteigerung kam, war der Saal, in dem sich das spettacolo vollzog, zwar gut besucht, aber als der Auktionator sein Eröffnungsangebot mit 100 Millionen Lire machte, erfolgte kein Zuspruch. »Signori«, rief der Auktionator: »Es handelt sich um die Villa Irena, ein herrliches Haus mit 300 Quadratmetern Wohnfläche. Zwei Bäder, drei Toiletten, alle sanitären Räume in bester Keramikausstattung. Ein 60 Quadratmeter großer Saal mit Panoramablick, zwei große Terrassen, Innen- und Außenkamine, Marmorfußböden, das Grundstück fast 3000 Quadratmeter groß mit Seeanstoß und eigenem Hafen. Ein Juwel von einem Haus, eine einmalige Oklasion. 100 Millionen«, rief er, »wer bietet mehr?«

War das zu fassen? Kein Zuruf erfolgte, der Saal blieb stumm. »Nun gut, Signori! Sie wollen günstig kaufen, Sie sollen günstig kaufen! Mein Angebot: 95 Millionen für die traumhafte Villa Irena. 95 Millionen, ich warte auf Ihren Zuruf, Signori. 95 Millionen zum ersten, zum zweiten und zum ...« Der Auktionator starrte auf die schweigenden Menschen im Saal. Nichts rührte sich, nichts regte sich. Die Menge blieb stumm. Ja, sie genoß sogar die Situation. Man trieb sich nicht selber in die Höhe, man zwang den Auktionator, die Preise zu senken. Vielleicht ahnten sie auch dunkel, daß nur der mächtig ist, der nicht besitzen will.

Die Stimme des Auktionators sang, tremolierte, beschwor: »90 Millionen, 85 Millionen, 80 Millionen, 75 Millionen. Signori, schlagen Sie jetzt zu. Ihre Kinder werden Ihnen danken, Ihre Enkel werden Sie in fernen Jahren rühmen. Schlagen Sie zu. 75 Millionen zum ersten, 75 Millionen zum zweiten.« Der Hammer des Auktionators schwebte in der Luft. Signor Panzer hob kühl die Hand und sagte: »75 Millionen, ich schlage zu.«

Der Hammer des Auktionators schlug nieder. Die Menschen klatschten Beifall. Signor Panzer hatte das Haus zum halben Preis bekommen, und sie alle hatten gesiegt. Die 75 Millionen reichten aus, um die Ansprüche des Signor Panzer zu befriedigen, um die Geldstrafe zu zahlen und um die diversen Schuldner des Luzzoni, die sich gemeldet hatten, zu vergleichen. Nunmehr konnte Mario Luzzoni guten Gewissens den Offenbarungseid leisten. Carlos Triumph war vollkommen. Signor Panzer lud Carlo und seine Freunde zu einem großen Festmahl in die Trattoria della Pace ein. Man war mit dem Schiff nach

Angera gefahren und fuhr auch mit dem Schiff wieder zurück. Die frohe Kunde aber hatte Porto schon erreicht. Und als jetzt Carlo an der Seite des Avvocato vom Hafen heraufschritt, durch die Gassen und Winkel hoch zu der Trattoria, war es ein Triumphzug. »Bravo ..., benissimo Carlo ..., ciao Carlo, molto bravo Carlo, complimenti Carlo«, so schallte es ihm überall entgegen. »Grazie, amici, grazie«, grüßte Carlo und hob die Hand wie der Heilige Vater in Rom.

Als sie den Frieden der Trattoria erreicht hatten, als sie den glasüberdachten Korridor entlangschritten, vorbei an den gestapelten Weinfässern, stand Laura mit gebreiteten Armen da, küßte Carlo auf die Stirn und sagte: »Bravo, Carlo, mein guter Mann.« Sie gratulierte auch dem Avvocato und Signor Panzer. Dann entschwand sie in die Küche, um gemeinsam mit Lina das große Festmahl vorzubereiten. Carlo trollte sich in den Keller, die Weine auszusuchen, um so, durch kluge Auswahl, den Abend von Höhepunkt zu Höhepunkt zu führen.

Der Avvocato saß mit Signor Panzer bei einem Espresso zusammen, um die Besitzübertragung der Villa und andere Dinge zu regeln. Gegen halb sieben gesellte sich Carlo wieder zu den beiden Herren und meinte, es sei nun genug Espresso getrunken und über Geschäfte geredet worden. Er hatte einen Amarone mitgebracht, einen Wein aus dem Valpolicella, den viele für den besten Rotwein Italiens halten.

»Wir wollen, bevor das große Fest beginnt, mit diesem Wein eine Andacht halten, meine Herren«, sagte Carlo. Er entkorkte vorsichtig die Flasche und goß mit zarten Bewegungen den rubinroten Wein in die Gläser. Die Herren erfreuten sich an der Farbe und dem vollen Geruch des Weins. Dann tranken sie mit geschlossenen Augen und ließen den Wein über die Zunge, über den Gaumen hinab in die Kehle fließen.

Der Avvocato öffnete verzückt die Augen, schaute Carlo anerkennend an: »Ein Genuß, Carlo, ein Hochgenuß!«

Carlo lächelte, legte die Hände auf den Bauch, kostete noch für eine Sekunde den Nachgeschmack des Weins und sagte: »Ja, Avvocato, dieser Wein ist die Antwort des Himmels auf die Plagen der Welt.« Plötzlich hörten sie Schritte im glasüberdachten Korridor, und dann stand auf einmal der alte Richter aus Luino im Raum. Einen großen schwarzen Hut im silberweißen Haar, den zarten Körper in einen schwarzen Umhang gehüllt, auf einen Ebenholzstock gestützt.

»Bitte keine Umstände, meine Herren ... Nein, danke, ich will jetzt nichts zu mir nehmen«, wehrte er Carlos Versuch ab, ihm ein Glas Amarone zu reichen. »Ich will gleich wieder weiter«, erklärte er. »Ich habe die Küche Ihrer Frau, Signor Carlo, vor wenigen Tagen rühmen hören, und da habe ich beschlossen, mir die Trattoria einmal anzusehen. Schön haben Sie es hier«, sagte er, sich anerkennend im Kreise umschauend. »Ich wollte für den kommenden Sonntagabend für mich und meine Frau einen Tisch bestellen«, sagte er mehr zu sich als zu den anderen. Dann richtete er seine Frage an Carlo: »Von wem sind die schönen Bilder an den Wänden?«

»Sie sind von meinem Vater, Signor Giudice. Und meine Nichte Marietta hat sein schönes Talent geerbt. Sie hat gerade einen einjährigen Kursus an der Fachschule für Kunst und Design in Mailand absolviert und arbeitet jetzt in der Keramikfabrik der signori Manzoni direkt unter den Augen der Patronin, der Signora Carlotta, als Designerin. Ein tüchtiges Mädchen, unsere Marietta«, sagte Carlo und barst fast vor Stolz.

Nachdenklich sagte der alte Richter: »Marietta ... Marietta Oldani ... da war doch was? Irgendein Gerücht? Dieser Luzzoni, den wir da verurteilt haben ... hat er sich ihr gegenüber schlecht benommen?« fragte der Richter sinnend.

Carlo errötete. Er nahm die Farbe des Amarone an, dann stammelte er: »Nein, Signor Guidice, da war nichts. Eine Bagatelle. Und wenn etwas war, Signor Guidice, dann habe ich es schon vergessen.«

»So, so«, sagte der Richter und schaute Carlo gedankenvoll an. »So, so, nun ja!«

Dann, schon im Gehen, schaute er noch einmal auf die schönen Bilder von Carlos Vater und sagte: »Wirklich, ein schönes Talent. Und was für ein Talent haben Sie von Ihrem Vater geerbt, Signor Carlo?« Carlo zuckte mit den Schultern. Aber der Richter fragte schon wieder in seiner stillen, aber eindringlichen Art: »Ach, Ihr Vater, Signor Carlo, hat er nicht Ende der zwanziger Jahre unseren Luineser Theaterverein geleitet? Ja, ich entsinne mich, ein oder zwei Aufführungen gesehen zu haben, in denen er Regie führte. Ja, so war es. Er hatte ein bemerkenswertes Talent, die Menschen zu führen. Dabei hatte er die Fähigkeit, ihnen den Glauben zu lassen, daß alles, was sie taten, ihr eigener Wille war.« Und dann, nach einer Weile des Schweigens, sagte er: »Vielleicht haben Sie dieses Talent von ihm geerbt, Signor Carlo?«

Er verließ mit vorsichtigen Altmännerschritten die Trattoria. Carlo setzte sich geschlagen hinter seinen Amarone. Schweißperlen standen auf seiner Stirn. Er nahm einen tiefen Schluck. Der Wein löste den Krampf in seinem Magen, und als er sich gerade erholt hatte, sagte Signor Panzer mit einer kalten, unpersönlichen Blechstimme: »Wenn ich das alles richtig verstanden habe, haben Sie, Signor Carlo, dies ganze Schauspiel inszeniert, um sich an Luzzoni zu rächen. Sie haben ihm das Grundstück verkauft, weil Sie wußten, daß dieser Lump mich damit betrügen würde. Sie haben mich als Opferlamm mißbraucht und mich den Wölfen zum Fraß vorgeworfen.« Die Zornesader des Signor Panzer schwoll fingerdick an.

»Nun«, meinte Carlo, der seine Fassung wiedergefunden hatte, »Signor, Sie haben immer die schönsten Vergleiche. Leider stimmen sie nicht. Sehen Sie in den Spiegel, Signor Panzer, und Sie werden feststellen, daß Sie kein Lamm sind, eher ein Stier, meine ich. Und dieser Luzzoni ist kein Wolf, sondern ein Schakal, eine Hyäne, aber kein Wolf.«

»Ich fühle mich gedemütigt, mißbraucht«, sagte Signor Panzer bitter.

»Aber, aber«, begütigte der Avvocato. »Wieso gedemütigt? Wenn Sie schon unserem Freund Carlo übernatürliche Kräfte zusprechen, dann haben Sie doch schließlich durch ihn eine der schönsten Besitzungen am See zu einem Spottpreis bekommen. Nicht um jeden Preis, Signor Panzer, sondern zur Hälfte des echten Verkehrswertes. Wir sollten uns wieder unserem Fest zuwenden und unseren Freuden«, sagte der Avvocato und nahm einen guten Schluck Amarone. Dann fuhr er fort: »Was Carlo getan hat, ist weder übernatürlich noch justitiabel. Er kennt eben die Herzen der Menschen. Er kennt die gierige Habsucht der Lumpen, aber auch die Eitelkeit derer, die alles haben wollen, um jeden Preis.«

Den letzten Satz hatte der Avvocato sehr leise gesagt. Signor Panzer errötete, schluckte tief, gab Carlo die Hand und sagte: »Sie haben recht, Avvocato.«

Dann waren Schritte und Stimmen zu hören. Die Trattoria füllte sich, die Freunde kamen. Der alte Beltramini, der die ganze Welt gesehen hatte,

Tino, der Schmied mit dem Alfa, und Cesare, il capitano. Und auch der Maresciallo kam angestampft, hinter sich Recht und Gesetz. Und wer kam da? Marietta, und in ihrer Begleitung ein netter junger Mann.

»Barbera her! Rotwein, Salami auf den Tisch, zarten Schinken aus Parma, perlweiße Zwiebelchen und scharfe Gürkchen, alle die Schätze, die die Erde uns schenkt.« Sie tafelten miteinander. Sie tranken sich zu. Sie hielten große gewaltige Reden. Auf die Freundschaft, auf ihre Art zu leben hier am See. Und als alles gesagt und alles verspeist war, was die Küche bieten konnte, als nur noch die Gläser mit funkelndem Wein auf den Tischen standen, da trat die leuchtende Laura in ihren Kreis und legte über sie alle den Glanz ihrer Weiblichkeit. Und da sie in dieser Geschichte immer an entscheidender Stelle das rechte Wort gesagt hat, so soll sie auch hier das letzte Wort haben.

Sie nahm ein Glas und sagte: »Ich trinke auf meinen Mann, an dem ich nie gezweifelt habe. Ich trinke darauf, daß der Geist über Bosheit und Gemeinheit triumphiert. Ich trinke darauf, daß es der Gewalt nicht bedarf, um Gerechtigkeit zu erlangen. Darauf trinke ich.«

Die Herzen flogen ihr zu. Sie nahmen die Gläser und tranken, tranken den Wein, und der wurde für sie zum Wein der Wahrheit, zum Wein der Gerechtigkeit, nach der die Welt so dürstet.

Mord in Porto

November! Der See war im Nebel versunken, und mit ihm die Berge von Piemont. Das Monte-Rosa-Massiv, die Borromäischen Inseln, die Wasserburgen von Cannero, alles, was diesem Panorama seine erhabene Harmonie gibt, alles hatte der graue Novemberdunst gefressen.

Der Nebel wälzte sich kalt und feucht vom Hafen herauf durch die Gassen. Er überwältigte alles. Das geschäftige Leben, die Freuden, die gewohnten Geräusche des Ortes. Die bunten Farben der Häuser schienen ausgewaschen und verblichen. Die Nacht, die hereinbrach, war kaum ein Kontrast zum Tage, sondern ein kaum wahrnehmbarer Übergang.

Carlo, der Wirt, saß in der Trattoria della Pace und ließ sich vom roten Barbera die Sonne schenken, die alle schmerzlich vermißten. Es war ein Tag des Unbehagens. Ein Tag, der einen an Geister und den bösen Blick glauben ließ. Die Frauen, Laura und Lina, werkelten in der Küche unlustig vor sich hin. Ja, das war das richtige Wort: unlustig. Ein unlustiger Tag und unlustige Menschen, denen sich der Nebel und die Tristesse aufs Herz gelegt hatten, die diese quicklebendigen Lombarden in ein Ghetto der Apathie trieben.

Carlo merkte auf. Er hörte das hastige Öffnen der Haustür, eilige Schritte im glasüberdachten Korridor, und dann stand vor ihm Cesare, il capitano. Lang, hager, schwarze Locken und in das bleiche Gesicht die spitze Hakennase eingerammt. In den großen, übergroßen Augen standen Angst, Schrecken, Panik. Carlo, dies alles erkennend, reichte ihm sofort ein volles Barberaglas. Der Capitano trank es in einem Zug aus. Dann flüsterte er:

»Carlo, unten am Hafen, eine Tote. Sie liegt am Rande des Hafenbeckens, eine blonde Frau.«

»Wer?« fragte Carlo.

»Ich glaube, die Signora Maria, diese Blonde. Komm, komm mit Carlo.«

Der Capitano hatte Carlo gepackt, und nun eilten sie, Hand in Hand wie zwei Buben, durch den Nebel die Gassen hinab zum Hafen. Sie erreichten das Ufer. Die Bogenlampen der Promenade waren weiße, schwachleuchtende Punkte im Watteweiß des Nebels; sie schienen, aber ihr Licht erreichte nicht die Erde. Sie erleuchteten nicht.

Und nun schlichen sie Hand in Hand die Schräge der Hafenböschung hinunter, sich gegenseitig haltend und stützend. Am Ende der Schräge, das Wasser plätscherte leise zu ihren Füßen, wendeten sie sich der Hafenausfahrt zu. Nur wenige Meter, und sie sahen beide die Tote. Ihr weißes, weites Kleid hatte sich im Wasser ausgebreitet wie eine große Blume. Sie lag mit dem Gesicht nach unten im Wasser, und ihre langen, offenen Haare fluteten im Wellenschlag des Sees auf und ab. Ihre Arme waren weit nach vorn ausgestreckt, und die Hände lagen ein wenig über dem Wasserspiegel, so daß man glauben konnte, sie wollte sich mit letzter verzweifelter Kraft ans rettende Ufer ziehen.

Die beiden Männer krochen näher heran und sahen dann mit Entsetzen, daß zwischen den Schulterblättern der Toten das Weiß des Kleides gerötet war. Blut! Mord! Also keine Ertrunkene, sondern eine Ermordete! Nur ein Gedanke in Carlos Hirn: Fort, fort von hier! Und dann klang in den vertrauten Geräuschen des Hafens, dem Plätschern der Wellen, dem Wiegen der Boote in der schwachen Dünung, ein Klirren, Stahl auf Stein. Hastende, verhallende Schritte. Die beiden im Nebel erstarrten. Das Herz krampfte sich zusammen, die Nackenmuskeln wurden zu Stein, und auf dem Rücken stand kalter Schweiß.

»Zu den Carabinieri«, flüsterte der Capitano. Und obwohl der Carabinieri-Posten nur hundert Meter entfernt war, befahl Carlo: »Nein, zur Trattoria.« Er hatte nur einen Gedanken. Zurück in die Trattoria, in die eigenen vier Wände, fort aus dieser Ungeheuerlichkeit in die vertraute Welt. In solch einer Situation muß ein Mann eigenen Boden unter sich haben, wenn er sicher stehen will. Sie warfen sich in die Schleier der Nebelwelt und eilten die engen Gassen hinauf zur rettenden Trattoria. Als sie endlich vor dem schweren Eichenportal standen, dünkte es sie, als seien dies die Pforten des Paradieses, die Pforten der Zuflucht, der Sicherheit. Sie gingen mit zitternden Knien den glasüberdachten Korridor entlang in die Trattoria. Die Gläser wurden mit Barbera gefüllt, und sie tranken, um sich die Angst aus dem Herzen zu spülen.

Dann ging Carlo zum Telefon, rief den Carabinieri-Posten an und verlangte den Maresciallo. Als dieser sich meldete, berichtete Carlo, daß unten im Hafenbecken eine Tote läge; ermordet. »Madonna«, flüsterte der Maresciallo und befahl: »Carlo, komm herunter zum Hafen.«

»Nein, Maresciallo«, sprudelte es aus Carlo heraus, »das werde ich nicht tun. Ich habe einen Schock. Ich laufe nicht in eine Nacht hinaus, die voller Mörder ist. Ich bin der Wirt der Trattoria della Pace und kein Polizist, der Polizist bist du, Maresciallo, du. Ich bleibe in meinem Haus und beschütze die Meinen. Ich warte hier. Ich werde dir dann sagen, was ich weiß, aber jetzt werde ich als erstes die Tür abschließen, und wenn du kommst, gib unser altes Klopfzeichen. Dann will ich dir öffnen.«

Und während er nach vorne ging, um die Tür abzuschließen, begleitete ihn der Capitano; sie verständigten sich mit Blicken, Carlo öffnete die Tür, der Capitano schlich hinaus in den Nebel. Carlo wartete so lange, bis er vier Häuser weiter die Tür des Capitano ins Schloß fallen hörte.

Dann schloß er aufseufzend das eigene Tor, legte den schweren Riegelbalken vor und ging mit müden Schritten zurück. Die Frauen warteten auf ihn. Sie fragten nicht. Sie hatten das Telefonat mitgehört und wußten alles. Carlo sank auf seinen Platz, trank das von den Frauen inzwischen wieder gefüllte Glas, legte die verschränkten Arme auf die Tischplatte und barg seinen Kopf in diese letzte Zuflucht des Menschen. Hinter ihm standen dicht aneinandergedrängt Laura und Lina, eine tragische Gruppe der Angst und des Schreckens.

Während Carlo so vor sich hin dämmerte, sah er noch einmal die weißgekleidete, tote Frau im langsamen Wogenschlag des Sees. Er sah ihre Hände, die sich dem Ufer entgegenstreckten. In der Fotografie seines Gedächtnisses erkannte er die beringte Hand, und was er vorhin gesehen, aber in der Maßlosigkeit seines Schreckens nicht wahrgenommen hatte, sah er jetzt: Der Ringfinger der linken Hand war gebrochen, abgewinkelt, blutig. Ich weiß, wer der Mörder ist, durchzuckte es Carlo. Madonna, hilf mir, ich will es nicht wissen. Hörst du, Madonna, ich will es nicht wissen. Doch wußte er genau, daß er sich diesem Wissen nicht entziehen konnte, ja, er spürte, daß das Wissen in ihm wuchs und zur Gewißheit wurde. Er kannte den Mörder!

Carlo richtete sich auf. Die Frauen lösten sich und gingen zurück in die Küche. Carlo blieb allein, allein mit sich und seinen Erinnerungen ...

Vor zweieinhalb Jahren war sie erschienen, die Signora Maria Wehrenberg. Groß, blond, schlank, mit weiten Schritten Tage und Nächte durcheilend, den roten Mund geöffnet, das Leben trinkend. Ein Trank, von dem sie nie genug bekommen konnte. Daneben ihr Mann, braune Augen, braunes gewelltes Haar, ein feines, sensibles Gesicht, empfindsamer Mund und auch wohl ein empfindsames Herz. Er war der Chef einer Werbeagentur in Deutschland, die ihre internationalen Erfolge durch subtile, einfühlende Psychologie errungen hatte.

Als Carlo die beiden zum erstenmal gesehen hatte, gab er ihnen in Gedanken den Namen: »Die Göttin und ihr Cherubim«. Aber diese Maria war keine Göttin der Sanftmut, sie war eine heidnische Göttin der Fruchtbarkeit, des überquellenden Lebens. Auf halbem Weg zwischen Porto und Caldé hatten sie sich ihr Haus gebaut. Weiß, strahlend, kühn, die Kultstätte ihrer Weiblichkeit. Dort lebte sie von April bis Oktober. Ihr Mann besuchte sie an einigen Wochenenden, mehr Zeit ließen ihm Beruf und Erfolg nicht. Die meiste Zeit war die Signora Maria Wehrenberg allein. Oder besser gesagt, ohne ihren Ehemann. Allein war sie nie. Sie nahm die Männer, wie einst Casanova die Frauen, wahllos. So wie er nahm sie Junge und Alte, Schöne und Häßliche, Dumme und Kluge, Feine und Grobe. Sie liebte keinen Mann, sie liebte keinen Menschen, sie liebte das »Prinzip« Mann. Sie schlief mit Fischern und Bauern, mit Herren und Knechten, mit Schöngeistern und brutalen Erfolgsmenschen. Sie liebte nicht, sie konsumierte Männer. Und einer von diesen vielen hatte sie ermordet. Und Carlo wußte, wer. Ein tödliches Wissen. Die Leute von Porto nannten die Signora Maria Wehrenberg eine Hure. Carlo in seiner Fähigkeit, die Dinge richtig zu sehen und bedeutsam zu machen, hatte gesagt: »Ja, eine Hure, aber eine große Hure.« Sie hatte auch versucht, Carlo zu verführen, »naturalmente«, das war ihr Lebensgesetz. Carlo hatte ihr bedeutet, daß ihre Gunst auch für ihn eine große Auszeichnung sei, nur ... jeder Mensch habe seinen Acker zu bestellen, und er, Carlo, wisse, wo sein Acker sei. »Ach Carlo«, hatte die Signora Maria gesäuselt, denn sie war klug und stark genug, eine Niederlage hinzunehmen, »Sie sind ein Schatz.«

Und plötzlich war Laura dagewesen. Hatte in der Trattoria gestanden und gesagt: »Ecco, Signora Maria, Carlo ist ein Schatz, und einen Schatz muß man behüten und bewahren.« Und in der Stimme der sanften Laura klang blanker Stahl.

Maria, wissend, wann man gleich starken, unbezwingbaren Kräften gegenübersteht, war auf sie zugegangen, hatte sie schwesterlich auf beide Wangen geküßt und gesagt: »Aber sicher Laura, sicher, naturalmente«, und hatte sie sanft gestreichelt. Und während ihre Hand über Lauras blauschwarzes Haar strich, sah Carlo den Diamanten an ihrer Hand aufblitzen. An ihrer Hand mit dem gebrochenen blutigen Zeigefinger, der sich jetzt aus dem See dem Ufer zureckte.

»Signora«, so hatte Carlo gesagt, »Sie haben an Ihrer Hand ein Vermögen, quasi un patrimonio.«

Stolz hatte Maria Wehrenberg auf ihren funkelnden Diamanten geschaut und gesagt: »Ja, Carlo, das ist ein Vermögen und mehr.«

Und Carlo erinnerte sich genau, vor wenigen Tagen im *Corriere della Sera* gelesen zu haben, daß ein berühmter Mailänder Juwelier beraubt worden war und daß unter der Summe der Pretiosen auch ein Diamantring erwähnt wurde, ein hochkarätiger Diamant, umgeben von blutroten Rubinen. Genauso wie der Ring an der Hand der Signora Maria.

Carlo hatte sehr leise gesagt: »Ein gefährlicher Ring, Signora.« Aber die Signora hatte lachend erwidert: »Ach Carlo, ich liebe die Gefahr, und da die tugendhaften Männer nicht von ihrem Acker abzubringen sind, liebe ich die Gefahr und die Banditen.«

Und jetzt sah Carlo ganz klar das Wolfsgesicht von Alfio Maserta vor sich, Assistent des Chefs der Contrabandieri von Luino; Schmuggler, Grenzgänger und allesamt Mafiosi, Mitglieder der ehrenwerten Gesellschaft, die in Luino das Geschäft des Schmuggelns betrieb. Er sah Alfio im Sportwagen der Maria Wehrenberg, Seite an Seite mit ihr die Uferstraße entlangbrausen, er hörte ihr Lachen, er sah das helle Haar der Signora im Winde flattern, blonde Fahnen überschäumender Lebenslust.

Und als sich Carlo des ganzen Umfangs seines Wissens bewußt wurde, fiel die Angst wie ein Steinschlag über ihn. Die Angst brach über ihm zusammen, nahm von ihm Besitz, veränderte ihn, fraß ihm das Herz und die Seele auf, löste das Fleisch von den Knochen, löste sein Wesen auf, und der Mann, der er war, wurde zu einer wabernden Masse von Angst. Und als er in ihr zu versinken drohte, hörte er an der Tür den Faustschlag und die vertraute Stimme des Maresciallo. »Carlo, öffne, ich bin es, der Maresciallo, dein Freund.«

Groß und gewaltig saß der Maresciallo am Tisch vor Carlo, trank Barbera und strömte Ruhe und Zuversicht aus. Dann sagte er nach einer Weile: »Carlo, berichte.«

Und Carlo berichtete, wie Cesare, der Capitano, in die Trattoria gestürzt war und die schreckliche Botschaft gebracht hatte. Wie sie beide hinaus in den Nebel der Nacht geeilt waren, wie sie beide die Tote im Hafenbecken gefunden hatten, in ihrem weißen Kleid, dem Wogenschlag des Sees hingegeben. Wie sie eilige, nächtliche Schritte hörten und wie sie dann in ihrer Angst durchs Nebelmeer zurück in die Trattoria gestürmt waren.

»Warum seid ihr nicht zum Carabinieri-Posten gelaufen?« fragte der Maresciallo.

»Wir hatten Angst, ich wollte nach Hause, in meine vier Wände.«

Der Maresciallo nickte und verstand. Dann schloß er die Augen und sagte sehr leise: »Was weißt du über sie, was weißt du von all dem, was sich zugetragen hat?«

»Ich weiß, was ihr alle wißt, nicht mehr und nicht weniger, Maresciallo. Eine schöne, lebensbesessene, lebensgierige Frau.«

»Eine Hure?« fragte der Maresciallo.

»Nein«, sagte Carlo mit Bestimmtheit. »Weißt du, seitdem die Fremden hier am See sind, habe ich manches dazugelernt. Sie sind nicht schlechter als wir, sie sind nur anders. Auch bei uns gibt es Ehebruch, Untreue und Verrat. Wir sündigen im Dunkeln, erliegen dem Rausch unserer Sinne und haben hinterher ein schlechtes Gewissen. Die Signora Maria Wehrenberg hatte nie ein schlechtes Gewissen, sie genoß das Leben, sie bekannte sich lachend zu dem, was sie ist, das machte sie uns fremd. Eine Hure, sagst du; wenn, dann aber eine glückliche Hure, eine selbstbewußte. Sie war eine große Frau und eine Persönlichkeit.«

»Und sonst weißt du nichts?« bohrte der Maresciallo.

»Ich weiß nichts, was ich dir sagen könnte«, sagte Carlo müde und kraftlos. Und dann erbleichte er. Sein rotes, rundes Gesicht wurde weiß, die Angst verzerrte es und ließ es schmal und beinern scheinen. Für eine Sekunde sah

Carlo das Killergesicht, das nackte und gnadenlose Gesicht des Alfio Maserta, am Fenster des Innenhofs. Ihre Blicke trafen sich für einen schrecklichen Augenblick, der jedem der beiden das Wissen des anderen offenbarte. Dann war das Gesicht verschwunden, Carlo schien leichte Schritte zu hören; fiel da nicht eine Tür ins Schloß? War das Wirklichkeit, Täuschung oder Illusionen der Angst?

»Mein Gott, Carlo, was hast du, du siehst aus wie ein Gespenst«, rief der Maresciallo.

»Da draußen im Innenhof«, flüsterte Carlo, »da war jemand, ein Gesicht, nur für Sekunden zu sehen.«

Der Maresciallo stand auf, durchquerte die Trattoria und öffnete die Tür zum Innenhof. Er stand im Türrahmen, groß, sicher, voller Selbstvertrauen, lebendige Demonstration von Gesetz und Ordnung. Seine Augen durchforschten den Nebel, der auch in den Innenhof eingedrungen war, und er rief: »Kein Mensch ist hier, Carlo. Ich sage dir, es sind deine Nerven.«

Auch Carlo war herbeigeschlichen und legte die schweren Holzläden vor die Fenster des Innenhofes, flink und behende. Dann schritten die beiden den glasüberdachten Korridor entlang zum Haupttor.

»Morgen werden Kriminalbeamte aus Mailand kommen, Carlo«, erklärte der Maresciallo. »Mord ist schließlich ein Kapitalverbrechen, das den Aufgabenbereich eines Carabinieri-Maresciallo übersteigt. Sie werden dir Fragen stellen, dir und Cesare, und wohl noch vielen anderen Leuten in Porto. Sag, was du weißt, und schlafe gut, mein Freund. Du wirst sehen, morgen sieht alles anders aus.« Sprach's, umarmte mit seinen riesigen Armen Carlo und schritt in die Nacht.

Carlo schloß die Tür sorgfältig und legte den schweren Riegelbalken vor. Die Trattoria wurde zur Festung. Dann ging er müde, zerschlagen und ausgehöhlt von Angst, die Treppe hinauf ins Schlafzimmer und legte sich still zur schlafenden, leise atmenden Laura ins Bett. Wie lange lag er wach? Wie lange grübelte er, trieb seine Gedanken im Kreise, wann schlief er ein, wie oft schreckte er auf? Er kroch, wie ein Kind zur Mutter, zu seiner Frau. Spürte sie, atmete ihren sanften Frauengeruch ein, fand für Sekunden Frieden. Dann packte ihn wieder die Angst, beutelte ihn, machte ihn willenlos, überflutete sein Herz, überschwemmte sein Hirn und all das, worauf er stolz gewesen war; sein Verstand, seine Vernunft, sein Hirn waren eine willenlose, zitternde, aus ihrer Form gestürzte Masse.

Als das Morgengrauen durch die Ritzen der Fensterläden kroch, traf den gequälten, von der Angst fast verzehrten Mann die Erkenntnis: Ich muß mich von dieser Angst befreien, sonst werde ich in ihr untergehen. Ich werde mein Wesen verlieren, meine Art. Ich werde die Liebe von Laura verlieren, die Bewunderung der Lina, die Achtung der Freunde. Ich werde alles verlieren, was ich bin und habe, wodurch ich lebe. »Das will ich nicht«, sagte er so laut, daß Laura im Schlaf zusammenfuhr. Er saß kerzengerade im Bett. »Ich muß kämpfen, weil ich liebe. Ich liebe Laura und Lina, meine Freunde, die Leute von Porto, ich liebe den See und die Berge von Piemont, und ich liebe das Leben, so wie wir es hier leben. Wir wollen hier ohne Mord leben, ohne Angst, diesen Pesthauch der Hölle. Ich werde mich dieser Situation stellen, ich weiß, daß ich gewinnen werde. Ich bin ein Mann, ich kann und will denken, und ein denkender Mensch kann alles überwinden.«

Er sank in seine Kissen zurück. Ruhe kam über ihn, er spürte sein Blut warm und sanft in den Adern kreisen, und mit einem befreiten Lächeln schlief er ein.

Er erwachte erquickt. Der Platz neben ihm war leer. Die geschäftige Laura bereitete in der Küche das Frühstück. Carlo nahm ein Bad, ganz außer seiner Gewohnheit. Es war, als wolle er die Spuren der nächtlichen Ängste wegspülen. Dann rasierte er sich sorgfältig, kleidete sich an und ging festen Schrittes hinunter in die Trattoria, wo Laura am gedeckten Frühstückstisch auf ihn wartete. Er trat auf sie zu und küßte ihr schönes Haar. »O Carlo«, lächelte Laura, »molto gentile, grazie tante.«

Carlo setzte sich, schaute seine Frau an, den Frühstückstisch, das zarte Rosa des Parmaschinkens. Gierig sog er den strengen Geruch des Kaffees ein. Froh sahen seine Augen das fette Gelb der Butter, die zarte Duftigkeit des weißen Brotes. Es war ihm, als sehe er diese Dinge zum erstenmal. Er sah seine Frau an, das liebe und doch stolze Römergesicht, eingerahmt von blauschwarzem Haar, die Augen in Liebe auf ihn gerichtet. Carlo schloß die Augen und dachte: Das alles ist mein. Das ist mein Glück, mein Leben. Ich habe das alles bisher gratis genossen, jetzt muß ich es mir verdienen, muß den Preis zahlen. Nach dieser Erkenntnis wuchs die Ruhe in ihm, und beide genossen das zarte Glück der Morgenstunde.

Als Laura nach beendetem Frühstück das Geschirr abräumen wollte, sah Carlo sie an, so daß sie in ihrem Tun innehielt. »Laura, du weißt, was geschehen ist. Die Welt ist heute nicht mehr so, wie sie gestern war. Aber wir wollen leben. Ich werde Dinge tun und anordnen, die du vielleicht nicht verstehen wirst. Ich bitte dich, vertraue mir.«

Zum erstenmal in ihrer Ehe warb er um ihr Vertrauen. Er, der immer befohlen hatte, angeordnet. Er, der nie einen Gedanken daran verschwendet hatte, seine Handlungen zu erklären, er, der in der patriarchalischen Selbstherrlichkeit der italienischen Männer gelebt hatte, daß alles, was er tat, wohlgetan war, er bat um Vertrauen.

Laura war ein wenig bestürzt. Dann sagte sie wie zu sich selbst: »O mein Carlo, ich habe mich so daran gewöhnt zu glauben, daß das, was du tust, richtig und zu unser aller Nutz und Frommen ist, daß ich gar nicht mehr an dir zweifeln kann.«

Carlo richtete sich auf. Der kleine, runde Mann nahm voller Würde diese grenzenlose Hypothek des Vertrauens entgegen. Dann sagte er mit altgewohnter Kommandostimme: »Folgende Dinge sind zu tun. An der Außentür ist ein Schild anzubringen: ›Die Trattoria ist aus familiären Gründen bis auf weiteres geschlossen.‹ Die Türen bleiben verriegelt. Die Läden vor den Fenstern bleiben geschlossen. Keiner von uns verläßt ohne mein Wissen das Haus. Wenn wir Lebensmittel brauchen, sind sie sofort zu bestellen. Bitte die Lieferanten, daß sie die Waren ins Haus bringen. Die Tür wird nur geöffnet, wenn wir den Einlaßbegehrenden an der Stimme erkannt haben. Allora, und jetzt an die Arbeit!«

Während Laura und Lina, die gerade zur rechten Zeit gekommen war, um Carlos Rede an sein Volk entgegenzunehmen, sich aufmachten, seine Anordnungen zu verwirklichen, zog sich Carlo mit einer Flasche Barbera in den hintersten Winkel der Trattoria zurück. Still saß er da, trank wenig und in kleinen Schlückchen und dachte nach. Die Konzentration des Denkens schloß ihn ein. Schuf einen magischen Raum um ihn, in den die Frauen nicht einzudringen wagten. Gegen Mittag stellte Laura einen Teller Minestrone vor ihn. Er löffelte ihn leer, ohne zu wissen, was er aß.

Carlo war kein Mann mehr, der Angst hatte. Carlo war ein Mann, der dachte. Ein denkender Mensch, der wog und verwarf, der sich Kombinationen hingab, der prüfte, der jeden Gedanken zu Ende dachte und der nun nach Stunden des Prüfens und Planens den richtigen Weg gefunden hatte. Dann setzte er sich hin und schrieb einen langen Brief. Nachdem er ihn zu Papier gebracht hatte, rief er seinen Freund, oder besser einen seiner vielen Freunde, den Bauunternehmer Federico Bocca, an.

»Federico, höre zu. Du hast ein Kopiergerät. Komm bitte sofort in die Trattoria, klopf an die Tür und nenn deinen Namen, bitte, komm sofort.«

Bocca kannte Carlo. Wenn Carlo in diesem Ton sprach, mußte es sich um wichtige Dinge handeln. Also kam er sofort in die Trattoria. Carlo gab ihm den Brief zu lesen, Bocca erbleichte.

»Carlo, der Brief ist Dynamit, weißt du, was das bedeutet?«

»Ja«, sagte Carlo, »das weiß ich. Ich habe seit Stunden über nichts anderes nachgedacht als über diesen Brief. Der Brief ist aber nur so lange gefährlich, wie wir beide ihn allein in Händen halten. Wenn du den Brief gleich hundertmal fotokopierst und wenn wir diesen Brief dann an zehn Freunde geben und diesen sagen, daß sie den Brief, in einem Umschlag verschlossen und versiegelt, an weitere neun Freunde geben, dann ist dieser Brief ein Schutzbrief für unser aller Leben.«

»Ich habe begriffen«, sagte Bocca. »In einer Stunde oder zwei hast du diesen Brief hundertmal kopiert hier, verschlossen in einem Umschlag, Carlo.« In seiner Stimme klang großer Respekt. »Du bist ein kluger Mann.«

»Ich weiß«, lächelte Carlo bescheiden, so daß sein goldener Schneidezahn blitzte, »ich weiß.«

Dann telefonierte Carlo. Er rief seine Freunde an. Und bald war die Trattoria gefüllt. Cesare, il capitano, Tino der Schmied, der alte Beltramini, der die ganze Welt gesehen hatte, Bocca, der mit ernsthaftem Gesicht am Tisch saß und vor sich einhundert kuvertierte Briefe liegen hatte, und noch sechs oder sieben andere Freunde. Vor ihnen standen die frisch gefüllten Barberagläser, und alle lauschten andächtig den Worten Carlos.

»Freunde, in Porto am See ist gemordet worden. Ein Mord zieht weiteren Mord nach sich. Wir wollen Frieden und keine Gewalttat. Wenn wir uns dem, was hier geschehen ist, nicht entgegenstellen, werden wir bald Verhältnisse wie in Rom oder in Mailand haben. Statt Sicherheit und Frieden, Gangsterkrieg und Verbrechen. Ich will etwas dagegen unternehmen. Nicht mit Gewalt, sondern mit den Mitteln des Geistes. Ihr müßt mir helfen. Vor euch liegen zehn Briefe. Ihr werdet diese Briefe an neun vertraute Freunde weitergeben, der zehnte Brief ist für euch selber. Wenn wir so verfahren, ist dieser Brief bald in den Händen von hundert Männern. Öffnet diesen Brief nicht. Ich sage euch das Wichtigste. In diesem Brief steht der Name des Mörders der Signora Maria Wehrenberg ...«

Carlo schwieg. Totenstille im Raum. Jeder der Männer wußte, was das bedeutete.

Carlo fuhr mit beschwörender Stimme fort: »Die Briefe sind, wie ihr seht, an verschiedene Empfänger adressiert. Unter anderem an den Staatsanwalt in Varese, an den Generalstaatsanwalt in Mailand, an die Kriminalpolizei, an den Polizeipräsidenten, an die Zoll- und Finanzverwaltung, an vier Notare und an drei große Tageszeitungen. Ich werde morgen eine Unterredung führen. Ich habe vor einer Stunde ein Telefongespräch mit dem commendatore Ottilio Beretta, dem Chef der contrabandieri, geführt. Ihr wißt, hinter den Leuten steht die Mafia. Er wird mich morgen um zehn Uhr zu einem Gespräch empfangen. Wenn ich um ein Uhr mittags nicht zurück in der Trattoria bin, benachrichtigt ihr eure Freunde und werft die Briefe in den Postkasten. Diejenigen, die in der Nähe eines Postamtes wohnen, geben den Brief am besten dort auf. Sollte einem von euch oder den anderen Freunden, die den Brief besitzen, Ungemach oder Bedrohung oder sonst ein Leid widerfahren, wird der Brief ebenfalls zur Post gegeben. So, ihr Freunde, und nun schwört mir bei dem Leben eurer Kinder und den Augen eurer Frauen, daß ihr so verfahren werdet.«

Nach einer Pause der Ergriffenheit hoben sie alle die Schwurhand und sagten mit rauher Stimme: »Ich schwöre.« Der Schwur der Freunde gab Carlo Kraft, nahm den Rest der Sorge und Angst. Madonna, dachte er, wer solche Freunde besitzt, hat alle Sicherheit auf Erden.

Am anderen Morgen, Carlo war schon um sechs Uhr auf den Beinen, zog er sich auf seinen Stammplatz im hintersten Winkel der Trattoria zurück. Laura stellte eine große Kanne Kaffee vor ihn hin. Alles andere lehnte er ab. Es war nicht die Stunde des Bauches, sondern die Stunde des Kopfes. Noch einmal prüfte er alle Gedanken, klopfte das System seiner Überlegungen auf Schwachstellen ab, fand aber keine. Wieder und wieder versuchte er, neue Kombinationen zu schaffen, aber je mehr er dachte und prüfte, desto sicherer wurde er. Sein System war perfekt. Er konnte in die Höhle des Löwen gehen.

Wenige Kilometer von Porto entfernt liegt Luino. Bekannt durch seinen Wochenmarkt, durch seinen fast mediterranen Liebreiz, durch den großen Sohn der Stadt, Bernardino Luini, der, durch Leonardo da Vinci beeinflußt, Bilder von weicher, schwermütiger Schönheit schuf. Am Ortseingang liegen heute Appartement- und Bürohäuser. Zwar huldigen auch sie dem Genieblitz moderner Architektur, dem Rechteck. Dennoch ist es den italienischen Architekten gelungen, die Formen aufzulösen, leichter und beschwingter zu machen und sie der lombardischen Landschaft anzupassen. In einem dieser Häuser, in der obersten Etage mit vielen Zimmerfluchten, residierte der Commendatore Ottilio Beretta, Chef der Contrabandieri, Mitglied der Mafia, Besitzer mehrerer Appartementhäuser, Restaurants, Nachtlokale, aber auch Herr mehrerer Handelsgesellschaften. Der Maresciallo hatte in seinem Privatwagen Carlo zu dieser Verabredung gefahren. Zwar war er als Amtsperson offiziell nicht eingeweiht, aber als Mensch und Freund wußte er natürlich alles. Hundert Meter vor der Residenz des Commendatore hielt der Maresciallo seinen Wagen, unter hohen Platanen verborgen, an. Carlo gab dem Freund die Hand und sagte: »Es ist drei Minuten vor zehn. Wenn ich um zwölf Uhr nicht bei dir im Wagen bin, fährst du zurück in die Trattoria und sagst den Männern Bescheid.«

»Tutto in ordine, Carlo. Ciao, Carlo«, sagte der Maresciallo.

Carlo schlüpfte aus dem Wagen und ging mit seinem leicht hüpfenden Schritt zur Residenz des Commendatore. Während ihn der Fahrstuhl leise surrend nach oben brachte, schossen noch einmal aus der Asche seiner Ängste kleine Flammen der Furcht in ihm hoch. Mit aller Kraft widerstand er dieser Anfechtung, verließ den Lift und ging aufrecht und entschlossen auf die Tür zu, auf der stand: Ottilio Beretta, Handelsgesellschaften.

Eine Sekretärin, deren Lebenssinn darin bestand, schön zu sein, empfing ihn mit stereotypem Lächeln.

»Ich habe für zehn Uhr einen Termin, Signora.«

»Ich weiß«, lächelte die Schönheitskönigin. Dann betätigte sie die Gegensprechanlage und meldete: »Commendatore, Ihr Termin für zehn Uhr.«

Nach Sekunden ging die große, ledergepolsterte Tür auf. Der Commendatore trat einen halben Schritt auf Carlo zu. »Entra, entra, Signor Carlo. Come stà? Va bene? Tutto in ordine?« Das Ritual italienischer Begrüßung spulte ab, und dann war Carlo in einem Saal, größer als der gesamte Raum der Trattoria. Bei gutem Wetter mußte man hier einen weiten Blick über den See haben, über Häuser und Dächer hinweg, im Norden bis zu den Seeräuberburgen von Cannero, im Süden bis Intra-Stresa. Das Zimmer selbst, dunkelblauer Teppichboden, an den Wänden eine honigfarbene Wandbespannung, ein riesiger antiker Schreibtisch, der wohl einem der zahllosen italienischen Duodezfürsten gehört haben mochte, lederne Clubgarnituren; alles atmete Seriosität und fundierte Sicherheit. Der Commendatore, ein großer, stattlicher Mann Mitte der Vierzig, sportlich gebräunt, blauschwarzer Seidenanzug, weißes Hemd, dezente Krawatte. Das schwarze

Haar noch ohne Grau, ein willensstarkes Gesicht – ein Korsar im Maßanzug.

Im Hintergrund in einem Sessel aber lümmelte einer, der gar nicht in diese illustre Welt passen wollte: Vittorio, die Panzerfaust. Ein ausgedienter Mailänder Boxer, mit brutalem, zerschlagenem Gesicht. Seinen Spitznamen »die Panzerfaust« verdankte er der Tatsache, daß er permanent die Rechte geballt in die offene Linke schlug, was jedesmal ein häßlich klatschendes Geräusch erzeugte.

Der Commendatore reichte Zigarren. Die Herren befolgten genau die Regeln. Zigarre mit liebevollem Blick betrachten, vorsichtig die Bauchbinde lösen. Die Zigarrenspitze zärtlich mit spitzem Munde befeuchten, sorgfältig einschneiden, anbrennen, die ersten prüfenden Züge, dann genau den Brand beachten, und jetzt der erste genußvolle Zug. Sanfte Rauchwolken im Zimmer strahlten herben Geruch, kraftvolle Männlichkeit aus.

»Allora, Signor Carlo, beginnen wir. Sie sagten am Telefon, das Gespräch sei ungeheuer wichtig für mich und meine Unternehmungen. Bitte überzeugen Sie mich nun davon.« Das war Aufforderung und Befehl zugleich.

»Gerne«, erwiderte Carlo liebenswürdig. »Aber zuvor darf ich Sie bitten, dafür zu sorgen, daß unsere Unterhaltung unter vier Augen stattfindet.«

Der Commendatore tat erstaunt. »Aber ich

bitte Sie, Vittorio ist mein ständiger Begleiter. Ich habe absolutes Vertrauen zu ihm.«

»Es ist keine Sache des Vertrauens. Es geht um die Fähigkeit zur kritischen Analyse, geht darum, neue Fakten einzuordnen und Positionen zu revidieren. Im übrigen, Commendatore, wenn Sie sich im Laufe des Gesprächs durch mich bedroht fühlen sollten, können Sie Ihre Panzerfaust ja jederzeit rufen.«

Carlos Kalkül war richtig gewesen. Jetzt zwang den Commendatore die Eitelkeit, seinen Schläger hinauszuschicken. »Laß uns allein, Vittorio.« Panzerfaust folgte dem Befehl, hinter ihm schloß sich mit sanftem Zischen die ledergepolsterte Tür.

»Allora«, sagte der Commendatore.

»Commendatore«, begann Carlo seine Rede, in der es für ihn um Kopf und Kragen ging. »Wenn ich die Dinge richtig sehe, so sind Sie der Leiter einer Organisation, die darauf spezialisiert ist, aus den unterschiedlichen Währungen und Zollgesetzen sowie durch Ignorieren von willkürlich durch Menschenhand gesetzten Staatsgrenzen Nutzen zu ziehen.«

Der Commendatore lachte schallend. »Signor Carlo, ich sehe, nein besser: ich höre, Sie tragen nicht umsonst den Ruhm, die glatteste Zunge am Lago Maggiore zu haben. Jedenfalls ist dies die trefflichste Definition des Schmuggels, die ich je gehört habe.«

Carlo lächelte wohlgefällig, war aber auf der

Hut. »Nun denn, wenn das so ist, darf ich weiter sagen, daß zwischen Ihrer Organisation und uns Leuten am See bislang ein stillschweigender Vertrag bestanden hat. Wir haben zu allem, was Sie taten, geschwiegen, haben nichts gesehen, und wenn wir etwas gesehen haben, dann haben wir weggeblickt. Die Dinge, die Sie betrieben haben, waren nicht gegen uns gerichtet, sondern gegen die Zoll- und Steuergesetze des Staates, und das ist eine Sache für sich. Aber unser Vertrag ist jetzt gebrochen worden!«

»Durch was und durch wen?« forschte der Commendatore.

Carlo schloß für eine Sekunde die Augen. Lehnte sich in seinem Sessel zurück, faltete die Hände über dem runden Bauch und sagte dann leise, mit geschlossenen Augen: »Durch den Mord an der Signora Maria Wehrenberg.«

»Bah, eine deutsche Hure.«

»Ich glaube nicht, daß sie eine Hure war, Commendatore, aber selbst wenn, darum hatte doch keiner das Recht, sie abzuschlachten. Wir wollen Frieden am See.«

»Durch wen?« fragte der Commendatore.

»Durch einen der Ihren. Genau: durch Ihren Assistenten Alfio Maserta.«

Der Commendatore nahm den Schlag hin, ohne Wirkung zu zeigen. Er war noch immer der absolute Herr der Lage. »Beweise ... Woher haben Sie Ihr Wissen?«

»Ich weiß es, und Alfio Maserta weiß, daß ich

es weiß«, beharrte Carlo. »Er streicht seit Tagen wie ein Wolf um mein Haus.«

»Nun gut, Signor Carlo, erklären Sie sich.«

»Ihr Assistent Alfio Maserta war der letzte Geliebte der Signora Maria Wehrenberg. Er hat ihr einen Ring geschenkt, einen Diamanten, mit neun Rubinen umkränzt.«

»Woher wissen Sie das, Signor Carlo?«

»Von der Signora selbst. Sie hat es mir am Abend vor ihrer Ermordung gesagt.«

»Ein gefährliches Wissen«, lächelte der Commendatore.

»Ja, und dieses Wissen wird noch gefährlicher, wenn ich Ihnen sage, daß dieser Ring aus der Beute eines Einbruchs stammt, der vor vier Wochen bei dem Mailänder Juwelier Colombara verübt wurde. Und weil mein Wissen so gefährlich ist, habe ich mir große Sicherheiten geschaffen, bevor ich mit einem solch bedeutsamen Manne wie Ihnen, Commendatore, über diese Dinge spreche.«

»Was sind das für Sicherheiten?« herrschte der Commendatore.

»Ich werde Sie gerne präzise darüber aufklären. Unser Vertrag, so sagte ich, ist gebrochen. Das muß nicht endgültig sein; ich will sagen, unser stillschweigender Vertrag ruht. Darum habe ich einen Brief geschrieben, ein vertrauter Freund hat ihn hundertmal fotokopiert und alle Briefe kuvertiert. Diese Kuverts sind an hundert vertraute Männer hier verteilt. Sie haben bei dem Leben ihrer Kinder und den Augen ihrer Frauen geschworen, diesen Brief abzusenden, wenn ich zur Mittagszeit nicht heil und unversehrt in meiner Trattoria bin. Dieser Brief wird auch dann abgesandt, wenn einem dieser hundert Männer ein Leid geschieht.« Carlo schwieg. Seine braunen Augen schauten den Commendatore in voller Unschuld an.

»Was steht in diesem Brief?« fragte er.

»Zunächst werde ich Ihnen sagen, an wen dieser Brief, oder besser die hundert Briefe adressiert sind: An den Staatsanwalt in Varese! An den Generalstaatsanwalt in Mailand! An die Kriminalpolizei, an den Polizeipräsidenten! An vier Notare, an drei große Tageszeitungen, an Interpol.«

Und nun schoß Carlo seinen letzten Pfeil ab: »An die Zoll- und Finanzverwaltung in Mailand und in Rom.«

Der Commendatore zeigte sich beeindruckt. Ehe er weitere Fragen stellen konnte, fuhr Carlo fort:

»Und nun werden Sie wissen wollen, was in diesem Brief steht. Nun, Commendatore, es steht darin zunächst der Name des Mörders, dann alle Grenzübergangsstellen Ihrer Schmugglerkolonnen, Ihre Umschlagplätze, dann die Namen der von Ihnen bestochenen Zollbeamten. Das ist alles«, sagte er lapidar.

Der Commendatore hatte feine Schweißperlen auf der Stirn. Er erkannte sofort, daß dieser

Bauerngastwirt aus der Trattoria della Pace seine ganze wirtschaftliche Existenz in der Hand hielt.

»Nicht wahr«, sagte Carlo, »Sie verstehen jetzt, daß ich darauf bestehen mußte, dieses Gespräch mit Ihnen allein zu führen. So bleibt Ihre Reputation vor Ihren Untergebenen gewahrt.«

»Ich danke Ihnen«, sagte der Commendatore mit schmerzlichem Lächeln. Er hatte die Hände auf den Schreibtisch gestützt und den Kopf in den Handflächen vergraben. Angestrengt dachte er nach.

Nach einer Weile des Schweigens sagte Carlo, so, als spräche er die Gedanken des Commendatore aus: »Hundert Männer sind nicht zu ermorden, hundert Männer sind nicht zu erpressen, nicht zu bedrohen. Hundert Männer, das ist zuviel.«

Der Commendatore nahm den Kopf aus den Händen, sah Carlo an und sagte: »Und jetzt wollen Sie mich erpressen?«

»Nein, am Ende unseres Gesprächs wird es keinen Erpresser und keinen Erpreßten geben, keinen Sieger und keinen Besiegten. Am Ende unseres Gesprächs soll einzig und allein die Vernunft, der Geist und somit unser aller Wohl der Sieger sein. Sehen Sie, Commendatore, Alfio Maserta ist ein böser Mensch. Er ist ein Mörder. Er hat sich aber nicht nur gegen die Gesetze des Staates vergangen, sondern auch gegen die Gesetze der Mafia, der ehrenwerten Gesellschaft. Er hat Sie, seinen Padrone und Gönner, betrogen. Darüber hinaus war er ein dummer Mensch. Wer sich mit einer höhergestellten Frau einläßt, ist dumm, denn so etwas bringt immer Ärger. Daß er der Signora Maria den Ring schenkte, war von verbrecherischer Dummheit. Denn damit hat er den Einbruch von Mailand in direkte Beziehung zu Ihnen und Ihrer Organisation gebracht und Sie alle gefährdet. Als er dies erkannte, trieb er den Wahnsinn weiter. Er forderte den Ring mit Gewalt von der Signora zurück. Der Ringfinger ihrer Hand war blutig und gebrochen. Ich habe es selbst gesehen. Diese arme Hand, die sich da blutig und verletzt aus dem Wasser reckte.« Carlo schauderte in der Erinnerung an die schlimme nächtliche Stunde im Nebel.

Der Commendatore sprang auf. Ging mit langen Schritten im Zimmer auf und ab. »Er hat den Tod verdient«, sagte er schließlich mit harter Stimme.

Carlo widersprach. »Nein, wir wollen keinen zweiten Mord hier am See. Der erste war schon zuviel. Wir wollen, Commendatore, daß er sich freiwillig stellt und gesteht.«

»Wie das?« Voll fragendem Zweifel schaute der Commendatore Carlo an.

Der sagte: »Nun ja, schließlich habe ich viele Stunden über das Problem nachgedacht, mit dem ich Sie jetzt konfrontiere. Sie sollten mit Panzerfaust und noch einem Ihrer Getreuen zu Alfio gehen, seinen Widerstand brechen. Wie das gemacht wird, brauche ich Ihnen nicht zu sagen. Dann sollten Sie den verhängnisvollen Ring an sich bringen, zu Ihrer aller Sicherheit. Und dann sollten Sie ihm Alternativen stellen.«

»Alternativen stellen?« fragte der Commendatore.

»Ja, Alternativen. Entweder ein Zementbegräbnis im See, jetzt und sofort, oder aber er stellt sich der Polizei und legt ein umfassendes Geständnis ab. Das hätte für ihn den Vorteil, daß er am Leben bleibt und daß er den Mord als Mord aus Leidenschaft darstellen kann. Mit solch einem Geständnis und einem guten Anwalt dürfte er nicht mehr als fünfzehn Jahre bekommen. Bei guter Führung käme er nach zehn oder elf Jahren frei und hätte noch ein Leben vor sich. Wenn Alfio diese Lösung mit der des Zementgrabes im Lago Maggiore vergleicht und sein Mörderhirn noch ein wenig denken kann, wird er das Leben wählen.«

»Meraviglioso«, murmelte der Commendatore. »Wissen Sie, Signor Carlo, Sie könnten bei mir anfangen, bei mir wird die Stelle des ersten Assistenten frei.«

»Ich bin gerührt«, stammelte Carlo, »aber Sie müssen wissen, ich bin so gerne Wirt in der Trattoria della Pace. Man kommt mit soviel Menschen zusammen, und das gefällt mir.«

Der Commendatore stand auf: »Verzeihen Sie, Signor Carlo, ich will nicht unhöflich sein. Aber es geht auf Mittag zu, und Sie hatten Ihren Männern versprochen, um ein Uhr in der Trattoria zu sein. Soll ich Sie hinfahren lassen?«

»Ich danke Ihnen, Commendatore, Sie sind so besorgt um mich, aber mein Freund, der Maresciallo, wartet dort unten im Wagen. Nein, nicht als Amtsperson, als guter Freund.«

»Schlußendlich noch eine Frage«, sagte der Commendatore. »Was geschieht mit den hundert Briefen, wenn sich Alfio freiwillig gestellt hat?«

»Die bekommen Sie alle hundert am Tag darauf von mir, Commendatore.«

»Und welche Garantie habe ich?«

»Keine«, sagte Carlo, »nur mein Wort, aber bedenken Sie, es ist das Wort eines Ehrenmannes. Und wenn ich noch eines sagen darf: Alfio sollte sich dem Maresciallo stellen und nicht irgendwelchen Polizisten aus Mailand oder Varese. Wissen Sie, dann bleibt die ganze Angelegenheit unter Freunden.«

Nachmittags um vier Uhr stellte sich Alfio Maserta dem Maresciallo. Er legte ein freiwilliges und lückenloses Geständnis ab. Als der Maresciallo ihn fragte, wieso sein Nasenbein und seine Augen so zerschlagen seien, antwortete Alfio, daß er unter der Last seines Verbrechens beim Hinuntergehen der Treppe zusammengebrochen sei, so und nur so sei sein desolater körperlicher Zustand zu erklären.

Zwei Stunden später fuhr der Maresciallo mit seinem Jeep, Alfio in Handschellen, mit Blaulicht und Sirene ab nach Varese zum Gefängnis.

Just um diese Stunde kämpfte sich nach vielen

Tagen die Sonne durch den Nebel und löste ihn auf. Carlo, im Kreise der Freunde, die Sirene hörend und um alle Vorgänge wissend, trat in den Innenhof der Trattoria. Das Barberaglas in der Hand, sog er gierig die frische Luft ein, die vom See herübertrieb.

»Bel tempo oggi«, sagte Carlo, nahm sein Glas und trank den Freunden zu.

Zwei Tage später kam ein Bote des Juweliers Santo aus Luino; er brachte einen Brief, ein Echtheitszertifikat des Juweliers, womit der Absender wohl klarmachen wollte, daß es sich in jedem Falle um eine gekaufte, reelle Ware handele, und ein kostbares Etui. Darin war ein Ring mit einem glasklaren Diamanten, umkränzt von blauen Saphiren. In dem Brief stand:

Verehrter Freund!
Im Laufe unserer durch das Schicksal gefügten Zusammenarbeit habe ich die Klarheit und Logik Ihres Geistes kennengelernt. Der Segen, der daraus erwuchs, betraf schließlich alle Beteiligten. Als Zeichen meiner Bewunderung darf ich Ihnen diesen kleinen Ring überreichen. Er sollte die Hand Ihrer schönen Frau schmücken. Auguri e complimenti

Ottilio Beretta
Commendatore

Als Carlo dann den kristallklaren Diamanten an Lauras Ringfinger steckte, sagte er: »Dies, meine

Liebe, ist für uns beide das erste Mal«, und er tippte auf seine runde Stirn und dann auf den Diamanten, »daß wir erleben, wie aus reinem Geist reine Materie wird. Sozusagen: Diamant durch Geist.«

Die Geschichte, die nie erzählt werden durfte

Ein- oder zweimal im Jahr tauchte im Freundeskreis der Trattoria della Pace ein Gesprächsthema auf. Doch was heißt, tauchte auf? Richtig muß es heißen, es wurde von Carlo, dem Wirt der Trattoria, initiiert und zur Sprache gebracht: »Kann ein Mensch, in äußerste Not, ja in geistige Verkommenheit hineingeboren, im Laufe seines Lebens zu geistiger und sittlicher Vollkommenheit gelangen?«

Die meisten ließ diese Frage kalt. Der alte Beltramini, der Mann, der die ganze Welt gesehen hatte, brummelte Unverständliches in sein Barberaglas. Tino, der Schmied mit dem Alfa, zuckte mit den Schultern, Paolino, der kunstfertige Schreiner, blickte von einem zum andern, und der Capitano schaute mit verhangenem Blick so, als erblicke er das weite Meer. Einzig der Avvocato gab schmale Erklärungen zu dem Thema ab, etwa dergestalt: Als Jurist wolle und könne er nichts im vorhinein ausschließen.

Das Desinteresse der Freunde erbitterte Carlo. So griff er diesmal in den europäischen Märchenschatz, um seine These zu beweisen. »Es ist doch bekannt, daß sich der Schweinehirte in den Prinzen und der Frosch in den Königssohn verwandeln konnte, also die Metamorphose von niedriger zu höherer Art.«

Einzig der Avvocato verstand die Breitseite, die Carlo mit dem Wort »Metamorphose« auf die Freundesrunde abgefeuert hatte.

»Nun ja«, meinte dieser etwas süffisant zu Carlo, »hier scheint ein kleiner, aber grundsätzlicher Denkfehler vorzuliegen. Bei Schweinehirt und Froschkönig handelt es sich nicht um eine Verwandlung – was das Wort Metamorphose eigentlich bedeutet –, sondern um eine Rückverwandlung. Ein Prinz oder Königssohn«, so erklärte er in juristischer Klarheit, »der in die niedrige Daseinsform eines Frosches oder Schweinehirten verzaubert worden war, wird rückverwandelt in seine ursprüngliche Gestalt und findet damit zu den natürlichen Qualitäten und Werten seines früheren Daseins zurück. Dies, mein lieber Carlo«, dozierte der Avvocato genüßlich, »ist der typische Fall des Beispiels am untauglichen Objekt.«

Diese überlegene Antwort, mehr noch der stille Spott der Freunde, traf Carlo. Das Blut schoß ihm in den Kopf, der in Sekundenschnelle die Färbung spätherbstlicher Tomaten erreichte, er rang nach Worten, nein, er unterdrückte die vielen tausend Worte, die er zu diesem Thema zu sagen hätte, er kämpfte den Ausbruch in sich nieder und – schwieg.

In diesem Augenblick trat Laura, die schon die

ganze Zeit die Diskussion vom Türrahmen der Küche her mit Besorgnis verfolgt hatte, zu den Herren und stellte einen Teller frische Salami auf den Tisch. »Bitte sehr, die Herren, eine kleine Wegzehrung«, und im übrigen wisse man ja, daß der Avvocato morgen in aller Frühe einen Termin beim Tribunal in Varese habe.

Man schob das letzte Scheibchen Salami zwischen die Lippen, spülte mit dem letzten Schluck Barbera nach und ging nach Hause. Carlo begleitete die Freunde, ging gemeinsam mit ihnen durch den glasüberdachten Gang, in dem die Barberafässer lagerten, und dienerte sie alle, vielleicht etwas verkniffen, zur Türe hinaus. Dann legte er den schweren Querbalken vor Tür und Tor und ging mit seinem hüpfenden Gang zurück in die Trattoria.

Laura hatte inzwischen den Tisch abgeräumt, eine frische Flasche Barbera auf den Tisch gestellt, für sich selbst ein kleineres, für Carlo ein größeres Glas geholt und sagte zu dem innerlich erregten Mann: »Sprich es dir von der Seele, caro mio, du kannst sonst doch nicht schlafen.«

»Grazie, carissima«, sagte Carlo und war voller Dank gegenüber dieser Frau, die ihn verstand. Er trank noch einen Schluck Barbera aus dem frischen Glas, rollte ein paar Tropfen über die Zunge, damit sich das Aroma entfalten konnte, und schloß die Augen.

Sein Kopf sank für eine halbe Minute auf die

Brust, nicht aus Müdigkeit, sondern zur Sammlung, und er sprach. Er sprach nicht in die leere, dunkle Trattoria, sondern zu dem gelehrten Freund, dem Avvocato, der für ihn jetzt im Dunkel des Raumes gegenwärtig war. Und er redete ihn auch nicht mit dem respektvollen Sie, sondern mit dem brüderlichen Du an, wie es einer solchen Stunde weinseliger Wahrheit angemessen war.

»Gewiß, Avvocato, gewiß«, dröhnte seine rostrote Barberastimme durch die Trattoria, »für dich, den gelehrten Avvocato, ist das Wort eine Waffe, ein Florett, mit dem du die Argumente deiner Gegner zerschlägst, zerfetzt, aufspießt. Für mich, einen Mann aus dem Volke, ist das Wort die Brücke zur Wahrheit, und glaube mir, Avvocato, die Poesie der Wahrheit ist überwältigender als das schärfste Argument.«

Er schwieg ein wenig, hingerissen von der Schönheit seiner Worte, dann fuhr er fort, während Lauras Augen bewundernd an ihm hingen. »Ich werde dir jetzt, mein Avvocato, von einer Wahrheit erzählen, die vor über dreißig Jahren begann. Es war der Tag, ich kann ihn nie vergessen, an dem uns der Dottore Artini gesagt hatte, daß wir nie Kinder haben würden. Weißt du, Avvocato, was das für einen Italiener bedeutet? Mein Vater, mein Großvater, mein Urgroßvater, sie alle haben ihr Leben weitergegeben. Und Laura, ihre Mutter, ihre Großmutter, alle Frauen ihrer Familie haben Leben getragen, geboren, ans

Licht gebracht. Und bei uns endet der Strom, versiegt die Quelle.« Ganz leise flüsterte er: »Du wirst es nie ermessen können.«

Dann fuhr er nach einer Weile mit fester Stimme fort: »Es war an einem Tag im April. Zwar lag auf den Bergen noch Schnee. Aber bei uns in den Tälern putzte sich schon der Frühling heraus mit Kamelien, Primeln, Mimosen und Forsythien. Der Himmel war blau und der See ein riesiges Tintenfaß. Aber ich sah das alles nicht mehr, die Sonne, die Farben, den Frühling. In meinem Herzen war Winter. Am späten Nachmittag kam Laura zurück ins Haus. Sie war auf dem camposanto gewesen, bei unseren Eltern. Ich habe sie schon verstanden, wenn man keine Kinder bekommen kann, so kann man wenigstens die Gräber seiner Toten pflegen. An ihrer Hand führte Laura ein kleines Mädchen, so ein dürres Dingelchen von elf oder zwölf Jahren. Schmutzig, verdreckt, die Haare verfilzt und verlaust, und Lumpen als Kleidung. ›Madonna, Laura‹, rief ich, ›wen bringst du denn da ins Haus?‹

›Ich weiß, ich weiß‹, sagte Laura, und sie hatte Augen, groß und streng wie eine Domina, es waren Augen, die keinen Widerspruch duldeten. Sie sagte: ›Es ist ein Kind, Carlo, hörst du, ein Kind.‹

Es war das Kind der Hure von Porto. Ein armes, heruntergekommenes Wesen. Der Mann der Hure, der sie soweit gebracht hatte, war davongelaufen. Sie hauste nicht weit vom Camposanto entfernt in einer Hütte. Männer, genauso arm und heruntergekommen, kauften sich bei ihr etwas Liebe oder wie man das nennen will. Die Kleine mußte dann vor die Tür. Sie hörte das Ächzen und Stöhnen, das an Kampf und Gewalt denken läßt, aber nicht an Liebe und Lust.

In meine Sprachlosigkeit hinein sagte Laura: ›Du gehst jetzt am besten zum Hafen, Carlo, zu deinen Freunden an der Bocciabahn. Und ich denke, wenn du in knapp zwei Stunden wieder zurück bist, werden wir aus unserer kleinen Wilden ein nettes, italienisches Mädchen gemacht haben.‹

Und tatsächlich hatten sie Läusemittel, Haarshampoo und mancherlei Dinge gekauft, die die Frauen brauchen, um die Welt zu ertragen. Ich ging still und auch wohl fassungslos aus dem Haus. Laura eilte mir nach in den glasüberdachten Gang, wo auch heute wie damals die Barberafässer lagern, und flüsterte mir zu: ›Geh beim Bürgermeister vorbei und sage ihm, ihre Mutter liege tot in der Hütte hinter dem Friedhof.‹

›Ermordet?‹ fragte ich Laura. ›Nein, scheinbar ein natürlicher Tod, wenn man so was einen natürlichen Tod nennen darf, ein solches Krepieren, ein allmähliches Absterben von Leib und Seele.‹

Ich ging. Nach zwei Stunden kam ich zurück. Schon an der Türe duftete das ganze Haus nach Sauberkeit, und Frische hatte den erdigen Barberageruch fast verdrängt. Die beiden Frauen,

Laura und Lina, hatten die Tür der Trattoria zugesperrt, im Innenhof eine große, altmodische Zinkbadewanne aufgestellt und mit viel heißem Wasser, Shampoo und Schaumbädern eine Badeorgie gefeiert. Fuß- und Fingernägel ihres Schützlings waren gereinigt und geschnitten, die drekkigen Öhrchen gewaschen, das saubere Haar in zwei Zöpfchen geteilt. Ein ängstliches Lächeln auf den Lippen, trat mir das kleine Mädchen entgegen und sagte: ›Ciao, zio Carlo.‹

Sie hatte das Gesicht eines Engels. Ach was, Avvocato, Engel, das ist so ein Wort. Nein, sie war voller Liebreiz. Ihr Lächeln machte fröhlich, und trotz allem, was sie erlebt und erfahren hatte, strahlten ihre Augen Unschuld und Vertrauen aus. Wenn es so etwas wie angeborenen Adel gibt, sie hatte ihn. Ich habe sie von Stund an geliebt. Jetzt, wo sie sauber und frisch gekleidet vor mir stand, sah ich auch, daß ich mich mit ihrem Alter verschätzt hatte. Sie war bereits vierzehn Jahre und hatte praktisch keine Schulbildung genossen. Oftmals habe ich mich gefragt, warum hast du, als Wirt der Trattoria, das Abitur, die Matura gemacht? Jetzt hatte mir das Leben die Antwort gegeben. Um ihr Lehrer zu sein. Jeden Morgen von acht bis zwölf Uhr, bevor die Mittagsgäste kamen, gab ich ihr Unterricht. Sie sog das Wissen auf wie ein trockener Schwamm das Wasser. Sie erarbeitete sich eine schöne Handschrift, und auch ihre Sprache, die Fähigkeit zu formulieren, verbesserte sich. Nur den schweren lombardischen Akzent brachte ich nicht aus ihr raus, wohl, weil ich ihn selber spreche. Laura lehrte sie, sich wie ein feines, gebildetes Mädchen zu benehmen. O Avvocato, du darfst mir glauben, es war eine glückliche Zeit.

Sie bediente in der Trattoria, ging Laura und Lina zur Hand, machte sich nützlich. Den Freunden, den Gästen und den Leuten aus dem Ort hatte ich gesagt, man möge in diesem Mädchen meine Tochter sehen und sie so behandeln, so und nicht anders – meine Tochter Adelaide.

Adelaide, so hatte ihre Mutter, die arme Hure, sie tatsächlich genannt. Adelaide, dieser edle Name, war die einzige Mitgift, die sie ihrem Kinde gegeben hatte.

Hier im Hause war sie geschützt, auch dort, wo unsere Freunde waren. Aber wie sollte ich verhindern, daß andere bösartige Menschen sie Hurentochter, Hurenbastard nannten, vor allem die, die mit ihr ins Bett wollten. Sie war jetzt siebzehn Jahre alt und voll erblüht. Sie hatte ja erst, seitdem sie in meinem Hause war, eine geregelte Ernährung gehabt, Pflege und Anleitung, so wie sich das für einen jungen Menschen gehört. Einen, der sie beleidigt und Hurenweib gescholten hatte, schlug ich zusammen. Aber man prügelt die Bosheit und die Dummheit ja nicht aus den Menschen heraus, höchstens hinein. Das ist ja das Elend.«

Carlo schwieg, er war erschöpft vom Reden, gebeutelt von seinen Erinnerungen. Laura hatte den Arm um ihn gelegt, ein innig verbundenes Menschenpaar, das gemeinsame Tage nacherlebte.

»Sie selbst, Avvocato, brachte die Lösung. Sie war ja ein kluges, intelligentes Menschenkind mit dem Mut, sich der Realität des Lebens zu stellen. An einem Abend, sie war am Tage wieder infam beleidigt worden, sagte sie weinend: ›Ich kann machen, was ich will, ich kann tun, was ich will, meine Vergangenheit haftet an mir wie ein Ausschlag. Dabei ist es ja gar nicht meine Vergangenheit, es ist die meiner Mutter. Onkel Carlo, Tante Laura, ich muß fort von hier, von euch, von Porto. Irgendwohin, nach Mailand, nach Florenz, nach Rom, besser noch in ein anderes Land. Nachdem ihr aus mir einen Menschen gemacht habt, kann ich als Kind der Hure von Porto nicht leben.‹ Dann schaute sie uns mit ihren großen blauen Augen an, blaue Augen, schwarzes Seidenhaar, die zarte, weiße Haut und die roten, feingeschwungenen Lippen, o Avvocato, glaub mir, sie war eine Schönheit, die von innen leuchtete, sie schaute uns an und sagte: ›Ihr habt soviel für mich getan, tut noch ein Letztes. Als Serviererin kann ich es in dieser Welt wohl nicht weiter bringen, als in das Bett des erstbesten Mannes. Laßt mich nach Lugano auf die kaufmännische Schule gehen, Stenografie, Schreibmaschine und etwas Buchführung lernen, dann wird mein Weg etwas leichter sein. Sobald ich verdiene, zahle ich euch alles zurück.‹

Wir weinten alle drei. Laura und ich, weil wir sie verlieren sollten, und Adelaide, weil sie uns verlassen mußte. Dann kam noch die kleine Lina hinzu und weinte mit, ohne zu wissen, worum es ging. Laura trocknete als erste die Tränen und ergriff Adelaides Hand: ›Hör zu, Kind, natürlich gehst du nach Lugano zu dieser Schule. Du fährst morgens mit dem Bus hin und kommst abends zurück. Samstags und sonntags ist ja keine Schule, da kannst du uns mittags und abends beim Servieren helfen, aber um neun Uhr gehst du ins Bett, denn du mußt ja am anderen Morgen frisch sein. So kannst du zur Schule gehen, wir haben noch deine Hilfe und brauchen niemand anzustellen. Und wenn du weggehst, endgültig, bekommst du von uns noch so viel Geld auf die Hand, daß du die ersten Monate in der Fremde leben kannst.‹

Und so kam es denn auch, wie wir in unserer Verzweiflung gemeinsam geplant hatten. Adelaide fuhr nach Lugano. Das Pensum der Schule absolvierte sie leicht, einmal aufgrund ihrer Intelligenz, zum andern aber auch durch ihren unerhörten Willen, nach vorne zu kommen. Die Schweiz tat ihr gut. Das Zusammensein mit ihren Mitschülern machte sie freier, sicherer, selbstbewußter. Ihr Abschlußdiplom bestand sie mit den besten Noten, und eine neue, kleine Hoffnung glomm in uns auf. Wäre für sie nicht ein Leben in Lugano möglich, und wir könnten uns dann einmal wöchentlich sehen? Doch am

Abend ihrer Abschlußfeier kam sie aufgelöst nach Hause. Einer ihrer Mitschüler hatte sie plump aufgefordert, mit ihm zu schlafen. Und als sie das empört zurückgewiesen hatte, hatte ihr der junge Herr geantwortet, als Tochter einer Dorfhure möge sie die alberne Ziererei doch lassen.

Der Traum von Lugano war zerronnen. Auch hier konnte sie dem Odium der Vergangenheit nicht entfliehen.

Dieser Erkenntnis mußten wir uns beugen«, sagte Carlo in die Dunkelheit der Trattoria hinein, in der seine Phantasie den Avvocato vermutete. »Schüttle nicht den Kopf, Avvocato«, dröhnte er, »hier helfen keine Worte, keine Definitionen, keine Analysen. Wir wußten, wir mußten dieses Mädchen hergeben, dieses Kind, das uns für eine Zeit geschenkt worden war. Dieses Kind, das wir nicht mehr hätten lieben können, wenn es von unserem Fleisch und Blut gewesen wäre. So lebten wir unseren letzten Sommer miteinander, Laura, Adelaide, meine Schwester Lina und ich. Anfang August, kurz vor ferragosto, kam – wie jedes Jahr – der Conte Alani als Gast. Er war ein ebenso leidenschaftlicher wie meisterhafter Angler, der hier seiner Leidenschaft frönen konnte. Ein großer, schöner Mann, der aus der inneren Sicherheit des alten Aristokraten lebte. Zwar stand er kurz vor dem fünfzigsten Lebensjahr, aber sein Alter schmückte ihn, und das weiße Haar trug er wie einen silbernen Helm.

Der Conte Alani hatte schon in den vergangenen Jahren Adelaide mit Wohlgefallen betrachtet. Da er aber wußte, daß sie eine junge Verwandte von mir war, hatte er sie immer respektvoll behandelt.

An einem Abend, wir saßen bei einer Flasche Wein, bemerkte der Conte Alani beiläufig, ein Mädchen wie Adelaide gehöre doch nicht hinter die Bar einer Trattoria, selbst wenn sie bei Onkel und Tante wie eine Tochter lebe. Nein, sie sei eine Persönlichkeit, der ein Platz in der großen Welt gebühre, so der Conte mit der Sicherheit, die großen Herren eigen ist. Nach diesen Worten war eine große Stille in der Trattoria. Es war ein Samstagnachmittag, und wir waren, außer dem Conte, ohne Gäste. Ein Platz in der großen Welt – diese Worte dröhnten in meinen Ohren, der Boden schien unter mir zu wanken. Ich trank einen Schluck des alten Barbera, den der Conte offeriert hatte, und schaute um mich. Vor mir der Conte mit dem Silberhaupt, im Türrahmen der Küche Laura, die jedes Wort verstanden hatte, und an der Bar Adelaide, die wie im Traum, aber dennoch mit äußerster Konzentration die Worte sprach: ›Ein Platz in der großen Welt.‹

Ich stammelte: ›Ein Platz in der großen Welt – aber wie? Gewiß, sie hat ein Schweizer Diplom für Schreibmaschine, Stenografie und Buchhaltung mit besten Noten, aber ein Platz in der großen Welt?‹

Der Conte lächelte. Nun, das sei doch schon

ein Anfang. Damit könne sie seine Sekretärin werden, mehr noch, seine Vertraute, ›sua mano destra‹. Aber zunächst müsse sie noch einiges lernen. Ein besseres Italienisch in Ausdruck und Sprache, die Kunst, sich wie eine Dame der Gesellschaft zu kleiden, Wissen in Kunst und Literatur, die beiden letzteren Disziplinen zwar nicht fundamental, aber doch so viel, um wissend zu lächeln.

Ich war verwirrt, Avvocato, verwirrt! Was wußte ich von dem Mann, der mir mein Kind wegnehmen wollte, um ihr einen Platz in der großen Welt zu geben? Ja, er war ein Conte, er fuhr einen teuren englischen Wagen, er legte einen hohen Geldschein als Trinkgeld hin, wenn er abreiste, aber was wußte ich sonst? Womit verdiente er sein Geld, hatte er ein Vermögen, und wenn ja, wie groß war es?

Ich schaute Laura an. Sie hatte diese großen, keinen Widerspruch duldenden Augen, und die sagten mir, ein Conte hat Geld, ein Conte hat Vermögen, danach fragt man nicht. Gib den Weg frei, Carlo, für Adelaide, für ihren Platz in der großen Gesellschaft. Ich blickte auf Adelaide, auch in ihren Augen die gleiche, unwiderrufliche Entschlossenheit, nur ihr Körper war noch in der Trattoria, ihr Geist war schon in jenen fernen Räumen, die man die ›große Gesellschaft‹ nennt.

Zwei Tage später fuhren sie davon – nach Rom –, so hieß es. Adelaide nahm uns in den Arm, küßte uns beide und sagte: ›Wir werden uns nie wiedersehen. Aber ich werde mein Leben lang an euch denken.‹ Sie weinte keine Träne. Dann ging sie mit entschlossenen Schritten zum Wagen, stieg ein und setzte sich an die Seite des fremden Mannes, so, als habe sie seit Ewigkeiten dort gesessen. Ihr Tun war von der Entschlossenheit eines jungen Soldaten, der in eine Schlacht zieht, die nur zwei Möglichkeiten für ihn hat, Sieg oder Tod.

Über zwei Jahre waren vergangen, es war ein Winterabend, die letzten Gäste waren aufgebrochen, das Tor abgeschlossen; ich blätterte lustlos in einer römischen Illustrierten, die ein Gast liegengelassen hatte. Da sah ich ihr Bild. Es schien, als sei sie gewachsen, eine strahlende Schönheit. Der sieghafte Ausdruck ihres Gesichts wurde gemildert durch die Warmherzigkeit ihres Lächelns. Sie trug eine weißseidene Robe mit blauen Bordüren, und unter dem Bild stand: ›Der Conte Alani und seine Tochter, Contessa Adelaide Alani, die Erscheinung der Saison, als illustre Gäste des Hauses bei der Vorstellung der neuen Frühjahrskollektion.‹

Angezogen durch die Intensität meines Schauens stand Laura an meiner Seite, sah das Bild und las die Unterschrift. Laura, Laura, flüsterte ich, ›un miracolo‹, ein Wunder. Die Tochter der ..., aber bevor ich das verfluchte Wort aussprechen konnte, hatte mich Laura leicht auf den Mund geschlagen. ›Sag es nicht, sag es nicht, dieses Wort. Deshalb mußte sie ja gehen, deshalb mußten wir sie verlieren, weil ihr dieses schlimme Wort nicht aus euren Hirnen tilgen könnt.‹

Sie schaute das Bild an, es schien, als brenne sie es für immer in ihre Netzhaut ein. Dann sagte sie im Triumph: ›Die Erscheinung der Saison. Carlo‹, befahl sie, ›Champagner, französischen!‹ Und dies war das einzige Mal, daß meine gute Frau sich betrunken hat.

Du meinst, Avvocato, die Geschichte ist zu Ende? Mitnichten, mitnichten, verehrter Freund. Die Dramaturgie des Lebens ist anders als die der Gerichtssäle, du wirst es sehen, Avvocato, du wirst es sehen.«

Dann wieselte er hüpfenden Schrittes davon, noch eine Flasche aus dem »bucco segreto« zu holen, denn solche Geschichten brauchen einen großen Wein. »Allora«, flüsterte Carlo, nachdem er den ersten Schluck der neuen Flasche gekostet und Laura zugeprostet hatte. »Beginnen wir! Ich werde dir nicht sagen, Avvocato, woher ich die Dinge weiß, die ich dir erzählen werde, aber es ist die reine Wahrheit, und mein Wort muß genügen.

Der Conte hielt, was er versprochen hatte. Adelaide besuchte eine Sprechschule in Florenz, um den harten lombardischen Akzent auszumerzen. Er reiste mit ihr zu den großen Museen Europas, er zeigte ihr die Schätze der Antike, des Mittelalters und der neueren Zeit. Er schulte ihr Ohr in großen Konzerten, er führte sie ein in die Welt der Oper und des Belcanto. Der Conte, selbst ein geistreicher Plauderer, lehrte sie die Kunst der gepflegten Konversation. Und nach einer Zeit war aus dem kleinen Mädchen von Porto am See eine große Dame der römischen Gesellschaft geworden. Überall war sie Mittelpunkt, und die Männer umstanden sie wie die Gardisten den Thron.

Nun, ich sehe deinen Augen die Frage an, Avvocato, war sie die Geliebte des Conte Alani geworden? Ich weiß es nicht, ich weiß es nicht! Aber ich kenne die Männer, wir kennen uns selbst. Aber ein wenig kenne ich auch die Frauen. Ein Schlüssel zu ihrem Herzen ist die Liebe, der andere die Dankbarkeit. Aus Dankbarkeit und Bewunderung wird wiederum Liebe. So glaube ich, daß weder der Conte noch Adelaide die Möglichkeit hatten, sich den Naturgesetzen entgegenzustemmen. So beantworte ich deine unausgesprochene Frage aus guten Gründen mit Ja.

Du willst weiter wissen, Avvocato, wie es mit dem Vermögen des Conte Alani bestellt war? Das ist eine schwierige Frage. Er war ein Mann, der viel Geld verdiente, aber, um viel Geld zu verdienen, wiederum viel Geld ausgeben mußte. So war er, trotz des vielen Geldes, das er verdiente, zwar kein armer, aber auch kein reicher Mann. Es war wie bei einem großen, teuren Auto, das viel Benzin verbraucht, hohe Unterhaltskosten hat und doch nicht wesentlich schneller zum Ziele kommt als ein guter Mittelklassewagen. Aber zum Eigentlichen! Ich spüre deine Neugier, Avvocato. Heute würde man sagen, der Conte war ein Lobbyist, ein Meinungsmacher und Nachrichtenhändler. Er schlief auch mit den Frauen mächtiger Männer, eines Ministers oder Wirtschaftskapitäns, um wichtige Nachrichten zu erfahren, die er wie kein anderer in Geld umzusetzen wußte. Er war kein Spion, er arbeitete auf eigene Rechnung. Eine eigenartige Existenz, immer am Rande des Gesetzes, aber auch nie darüber hinaus. Er war ein Seiltänzer, ohne Netz über dem Abgrund, immer wieder festen Boden erreichend, aber nur, um wieder auf das Seil zurückzukehren, als habe er eine geheime Sehnsucht zum Abgrund. Und mein Mädchen, unsere Adelaide? Nun, er formte sie, bildete sie, vermittelte ihr ein Wissen, das man nicht näher beschreiben kann. Er hatte sich in ihr eine Nachfolgerin geschaffen, eine Meisterin, die ihn noch übertreffen sollte.

Aber dann ereilte ihn doch der Abgrund. Nein, er stürzte nicht ab. Doch sein Arzt sagte ihm eines Tages, daß in ihm eine tückische Krankheit lebe. ›Wie lange?‹ fragte der Conte. Männer wie ihn belügt man nicht, und so sagte der Arzt die Wahrheit. ›Ein halbes Jahr, vielleicht ein Jahr.‹

Der Conte nahm den Spruch hin. Er ging mit Adelaide drei Monate auf Reisen. Er zeigte ihr noch einmal die Glanzpunkte Italiens, fuhr mit ihr nach Paris, nach München, in die großen Städte am Rhein, er zeigte ihr Amsterdam und Brüssel. Dann flog man nach London und schließlich wieder nach Rom. Du wirst bemerkt haben«, und Carlo hob seine Stimme, um den für ihn in seiner roten Barberaphantasie im Dunkeln weilenden Avvocato zu erreichen, »daß diese Städte nicht nur für ihre Schönheit berühmt sind, sondern daß es sich auch um die großen europäischen Finanzmetropolen handelt. Der Conte stellte Adelaide dort allen wichtigen Persönlichkeiten vor. Dies war sein Vermächtnis. Nach Rom zurückgekehrt, gab der Conte noch einmal einen glanzvollen Abend im Hotel. Alles, was Rang und Namen hatte, war um den Conte, diese einzigartige Erscheinung der italienischen Aristokratie, versammelt und um die Contessa Adelaide, die Faszination von Schönheit, Geist und weiblicher Nobilität.

Als die letzten Gäste nach Mitternacht gegangen waren, führte der Conte Adelaide in ein Nebenzimmer. Dort warteten eisgekühlter Champagner und ein Arrangement aus Austern und Kaviar, denn die beiden hatten sich, als Hauptpersonen und Gastgeber des Abends, mit Essen und Trinken zurückgehalten. Nachdem die kleine, intime Feier beendet war und noch ein letzter Schluck im Glase perlte, erhob sich der Conte und legte Adelaide ein funkelndes Diamantkollier um den schönen Hals, küßte sie zart auf die Stirn und sagte zu der in Staunen erstarrten jungen Frau: ›Cara mia, das war das letzte.‹ Und in ihr schweigendes Nichtverstehen hinein sprach der Conte: ›Betrachte das, was ich dir jetzt zu sagen habe, als ein kleines Examen in Nervenkraft, in innerer Haltung, in Rationalität, denn das sind die Tugenden, mit denen der alte Adel dem Volke überlegen war, die Fähigkeit, die Realität zu erkennen, sie zu überwinden und, wenn sie unüberwindbar ist, sie anmutsvoll und tapfer zu erleiden.‹ Nach einer Weile nahm er ihre Hände und sprach: ›Ich danke dir für die Tränen, die du nicht weinst, denn du weißt, daß ich sterben muß. In drei, längstens in neun Monaten. Wir wollen um keinen Tag feilschen.‹ Als er in ihr tapferes, schneeweißes, aber tränenloses Gesicht sah, vertraute er ihr: ›Ich sehe, Liebste, du bist eine Aristokratin geworden. Und ich sage dir etwas, was man heute nicht mehr weiß, Adel und Rittertum konnten durch die Beherrschung ihrer Tugenden erworben werden. Entsprechende Unterlagen und Hinweise wirst du in meinem Nachlaß finden.‹ Dann setzte er mit geschäftsmäßiger Stimme hinzu: ›Ab morgen wirst du die Leitung unserer kleinen Familienfirma übernehmen. Gelder sind nur noch in geringem Umfang vorhanden. Du wirst jetzt das Geld verdienen, damit wir beide standesgemäß leben und sterben können. Alles, was ich hatte, habe ich auf dich gesetzt. In dein Wissen, deine Schönheit, in deinen Stil und deine Grandezza. Ich weiß, es war keine Fehlinvestition, du wirst es schaffen.‹

In der Nacht erst weinte Adelaide. Sie sah sich allein auf einem hohen Gipfel. Als sie zurücksah, drohten nur Abgründe, als sie aber ihren

Blick erhob, sah sie, daß es dort weiter bergauf ging. ›Nach oben‹, sagte sie und schlief ein.

Sie übernahm sofort die Leitung der Familiengeschäfte. Bald erkannte sie, daß ihr von Natur her gewisse Vorteile gegeben waren, über die der Conte nicht verfügt hatte. Konnte dieser gewinnbringende Informationen nur durch zweite Hand erlangen, nämlich durch die Frauen der Männer, die über das Herrschaftswissen in Staat und Gesellschaft verfügten, so blieb ihr dieser Umweg erspart. Es waren die Männer selbst, die sich der schönen Adelaide, dieser berückenden Aristokratin, anvertrauten. Sie sprachen von ihren Plänen, von ihren Taten, von ihren Möglichkeiten, und sie erzählten dies einer klugen Frau, die die wirtschaftliche Tragweite dieser Informationen zu werten wußte. Nach drei Monaten sagte der Conte, der das Haus nicht mehr verließ: ›Ich bin sicher, Adelaide, die Firma ist bei dir in besten Händen.‹

Vier Monate später war der Conte Alani tot. Seine Tochter, die Contessa Adelaide Alani, bestattete ihn in Rom auf dem camposanto*** standesgemäß. Sie trug drei Monate lang Trauer, ließ Seelenmessen lesen und hielt sich von der Welt zurück. Die römische Gesellschaft goutierte das würdevolle Verhalten der jungen Contessa. Die drei Monate der Zurückgezogenheit im Appartement des Conte, welches sie geerbt hatte, waren keine verlorene Zeit. Bei der Durchsicht des Nachlasses machte sie eine Feststellung, die sie zunächst erschütterte, dann nachdenklich machte und sie zum Schluß in eine hochgemute Stimmung versetzte.

Sie fand die Geburtsurkunde eines gewissen Alfredo Fabro, geboren Anfang des Jahrhunderts in den Albaner Bergen. Der Name Fabro ließ darauf schließen, daß die Familie des Knaben in der Vergangenheit den ehrbaren Beruf eines Schmiedes ausgeübt hatte. Dann fand sie eine Urkunde vom Ende der zwanziger Jahre, in der eine Vittoria, Gräfin von Alani, einen Alfredo Fabro adoptiert und an Sohnes Statt angenommen hatte. Die Gräfin Alani, damals schon eine Endfünfzigerin, starb Mitte der dreißiger Jahre und hinterließ ihrem Adoptivsohn das römische Appartement, in dem jetzt Adelaide als Erbin des Conte lebte. Sie forschte nach weiteren Adelsunterlagen, nach Landsitzen, aber noch nicht einmal ein Stammbaum ließ sich finden, der den Weg der Alanis in der Geschichte aufweisen konnte. Das alles aber machte sie nicht traurig, denn sie hörte die Stimme ihres Conte sagen: ›Adel und Ritterschaft können durch die Beherrschung ihrer Tugenden erworben werden.‹ Dies erschien ihr fast wie ein Wappenspruch des Geschlechts der Alani.

In den Monaten ihrer Trauer hatte sie sich zwei Prioritäten gestellt: erstens den Adel bewahren, zweitens Sicherheit erlangen, das heißt Geld zu erwerben, aber nicht Geld, um der feinen Gesellschaft die Fassade eines noblen Scheins zu bieten, sondern echten, dauerhaften Besitz.

Sie nahm als Frau und aus den Erfahrungen ihres Lebens das Problem Sicherheit als erstes in Angriff. Und zur Sicherheit gehörte für sie ein neuer Mann. Naturalmente, Avvocato«, dröhnte Carlo in die nachtdunkle Trattoria, um die Entscheidung seiner geliebten Adelaide zu verteidigen. »Bedenke doch, Avvocato, was dieses Kind nicht alles in seinem Leben erlitten, wie man sie herumgestoßen hatte, bis sie bei uns einen sicheren Hafen fand. Es ist doch verständlich, wenn ein solcher Mensch zuerst an Sicherheit denkt. Dabei war ihr Blick auf einen Ministerialrat im römischen Wirtschaftsministerium gefallen, einen Conte Montenero. Er war ein großer, blasser Typ, ein Mann, der die Mitte der Vierzig knapp überschritten hatte. Immerhin war er doppelt so alt wie Adelaide. Schlimmer war, daß dieser Mann schon seinen Ehrgeiz begraben und sich damit abgefunden hatte, als Ministerialrat im Wirtschaftsministerium bis zu seiner Pensionierung dahinzudämmern. Adelaide nahm sich seiner ein wenig an. Nicht viel, aber doch so viel, daß in ihm ein kleines Fünkchen der Hoffnung zu glühen begann. Dann aber, Avvocato, hatte der Teufel seine Hand im Spiel, Adelaide verliebte sich und brachte ihren Prioritätenplan selber zu Fall. Sie verliebte sich in einen Tennislehrer.

Ich bitte dich, Avvocato, in einen Tennislehrer! Und das, nachdem wir alle aus ihr gemacht hatten, was sie schließlich war – eine Contessa

Alani!« Carlo nahm bereits die Verdienste um Adelaides Stellung voll für sich in Anspruch. »Nun, es ist ja verständlich, daß sie sich verliebte. Eine junge, schöne, leidenschaftliche Frau, und dann dieser Sportfex mit langen Beinen, starken Armen, breiter Brust und flachem Bauch.« Carlo streichelte zufrieden seine imposanten Rundungen. »Nach einem Monat stellte sie fest, daß sie schwanger war. Und nun erwies sie sich als wahre Aristokratin. Sie erkannte die Realität und überwand sie. So, wie ihre geistigen Erzieher es sie gelehrt hatten.« Carlo stellte sich selbstbewußt als Vermittler aristokratischer Lebensmaximen an die Seite des Conte Alani. »Nein, Avvocato, sie handelte nicht so, wie du denkst. Sie ließ das Kind nicht fortmachen. Vielmehr kehrte sie zu ihrem Plan zurück und heiratete den blassen Conte Montenero. Sie nannte sich von nun an Contessa Alani-Montenero. Bevor man ihre Schwangerschaft erkennen konnte, reiste sie mit ihrem Ministerialrat nach London. Sie sprach bei verschiedenen ihrer Freunde in der Finanzwelt vor. Vor allem aber besuchte sie mit ihrem Conte den Schneider in der Savil Road, den ihr Alani als wahren Künstler empfohlen hatte, bestellte sechs Anzüge in feinem, gedecktem Muster, einen Smoking und einen Frack, dazu einen schwarzen Anzug für kleinere, aber wichtige Gelegenheiten. Außerdem wurde Montenero mit den entsprechenden Mänteln ausgestattet; beim Hemdenschneider wurden zwanzig Hemden bestellt, jawohl, zwanzig Hemden, Avvocato, drunter tat sie es nicht; und Schuhe, ja nun, Schuhe kaufte man in Italien! Aus dem kleinen Ministerialrat war ein Grande geworden. Seine Kollegen nahmen wieder von ihm Notiz als einem Konkurrenten, und seine Vorgesetzten bemerkten ihn. Sagte doch sogar der Minister zum Staatssekretär: ›Nun ja, ein Mann, den die Contessa Alani heiratet, muß ja schon Qualitäten haben.‹ Und so wurde der Conte Montenero noch vor der Geburt seines Sohnes zum Ministerialdirigenten befördert. Allerdings hatte die Contessa Alani-Montenero dem Staatssekretär einige Male tief in die Augen geschaut.

Der Sohn, Adelaide nannte ihn Alfredo, wurde in der deutschen Schweiz zur Welt gebracht, so konnte man für die Umwelt das Geburtsdatum etwas günstiger gestalten. Er war die Freude seiner Eltern. Des Conte, der mit Vaterfreuden nicht mehr gerechnet hatte, und Adelaides, die jetzt einen echten kleinen Conte in den Armen hielt. Wenn man es recht bedenkt, Avvocato, bin ich der ideelle Großvater eines kleinen Hocharistokraten. Und darüber, darüber, Avvocato, muß ich schweigen. Es ist die Hölle, glaub mir, mein Freund!

Nach der Geburt setzte Adelaide die Arbeit an der Karriere ihres Mannes planmäßig fort. Ein deutscher Markenwagen wurde gekauft, sozusagen ein ministrables Auto. Die Kollegen staunten, die Vorgesetzten schüttelten bedeutsam das Haupt. Dann kam Adelaides, oder soll ich sagen: Monteneros große Stunde. Sein Minister war in Amerika, der Staatssekretär heftig erkrankt, und vor der Brüsseler Wirtschaftskommission sollten die Grundsätze Italiens zu einem künftigen gemeinsamen Markt vorgetragen werden. Die Wahl fiel auf den Conte Montenero, der als Gatte der Contessa Alani gerade in Brüssel über bedeutsame Beziehungen verfügen sollte und der seit seiner Heirat so sichtbar an Statur gewonnen hatte. Man drückte ihm die Rede in die Hand, die der Minister oder der Staatssekretär hätten halten sollen, und hoffte, daß der Ministerialdirigent eine »bella figura« auf dem Brüsseler Parkett machen würde.

Montenero brachte die Rede nach Hause. Adelaide las sie, schüttelte den Kopf und schrieb sie um. Im wesentlichen veränderte sie nichts, nur klang alles glatter, geschmeidiger, eingehender. Den Schluß der Rede aber veränderte sie gänzlich.

›Zum Schluß‹, so schrieb sie und so sagte Montenero in Brüssel, ›verdanke ich die Gunst, vor Ihnen, sehr geehrte Damen und Herren, zu sprechen, einem dringenden Termin meines Ministers in Amerika und der schweren Erkrankung meines zuständigen Staatssekretärs. Die Gedanken, die ich vorzutragen die Ehre hatte, sind die Gedanken des Herrn Ministers, und Sie haben sie, dies stelle ich mit Vergnügen fest, freundlich und mit hohem Interesse aufgenommen. Gestatten Sie mir, einem Angehörigen der jüngeren Generation und der unterhalb der Ministerebene arbeitenden Beamten, ein Wort, das von vielen meiner jüngeren Kollegen mitgetragen wird. Europa und der gemeinsame Markt sind für uns mehr als eine Hoffnung, sie sind eine Zuversicht, die unser Leben trägt. Wir wissen sehr klar, daß diese Zuversicht, die alleine unsere Zukunft sein wird, zunächst einmal teilen heißt. Teilen der Reichen in Europa mit den Armen. Dieses Teilen darf nicht nur ein Werk der christlichen Caritas, sondern es muß ebenso ein Werk der ökonomischen Vernunft sein. Einer Vernunft, die nicht Geschenke, sondern Hilfe erteilt, damit die Armen sich selber helfen und sich gleichberechtigt neben die Reichen stellen können. Mein Land trägt den Gegensatz von Arm und Reich als eine schwere Last. So kann es nicht nur unsere Aufgabe sein, von der Gemeinschaft Hilfe zu erbitten, sondern wir müssen mit der Hilfe in unserem eigenen Land beispielhaft beginnen.‹

O Avvocato, lieber Freund, die Rede war ein Triumph. Balkenüberschriften in den Zeitungen: ›Montenero spricht für die Jugend Italiens‹. Aber das brauche ich ja gar nicht zu sagen. Die Welt weiß das alles«, sagte Carlo mit großer Gebärde. »Die Stimme des jungen Italien, das war meine Adelaide.

Zwei Monate später starb der Staatssekretär im Wirtschaftsministerium, der neue hieß:

Conte Montenero. Die Programmpunkte Erhaltung des Adels und Sicherheit waren für Adelaide zunächst abgeschlossen. Der Punkt Schaffung von dauerhaftem Besitz ging nun in ihre Langzeitplanung. Zunächst lud sie, getreu der Tradition ihres großen Meisters, des verstorbenen Conte Alani, ihren Mann in die Oper und anschließend in das gleiche Chambre séparée im Hotel*** ein. Die gleichen Arrangements wie vor vier Jahren, eiskalter Champagner, Kaviar und Austern, nur diesmal war es Adelaide, die auf ihren Mann zuschritt, ihn sanft auf die Stirn küßte, ihm einen hochkarätigen Brillantring an den Finger steckte und sagte: ›Schatz, das war das letzte.‹ Auf seinen erstaunten Blick hin sagte sie: ›Das heißt, daß meine Mittel nunmehr erschöpft sind. Ich will nicht von der englischen Garderobe sprechen, den schwarzen Perlen für die Smokinghemden, dem standesgemäßen Wagen, den vielen Einladungen. All das war nötig, um deine Karriere aufzubauen. Ich habe mein ganzes Vermögen auf dich gesetzt, in deinen Aufstieg, im Vertrauen auf deine Fähigkeiten, dein Durchsetzungsvermögen, auf dein politisches Genie. Einen größeren Liebesbeweis kann eine Frau einem Mann nicht erbringen.‹

Der Conte Montenero war tief gerührt. Er schloß seine Frau, die ihm so vertraut hatte, die ihn so liebte, dankbar in die Arme. Aber die Contessa war mit ihrer Willenserklärung, denn um nichts anderes handelte es sich, noch nicht zu Ende.

›Das heißt in die Realität umgesetzt, wir werden mit deinem Einkommen als Staatssekretär auskommen müssen. Das dürfte nicht schwer sein. Die Grundinvestitionen sind gemacht, von nun an sind nur die Erhaltungskosten aufzubringen. Mein Appartement ist mein Eigentum und schuldenfrei, so daß hier keine besonderen Kosten erwachsen.‹ Ja, sie sagte, ›mein Appartement‹ und ›mein Eigentum‹, denn das hatte der Conte Alani ihr eingehämmert: Die Klarheit der Besitzverhältnisse ist die Grundlage jeglicher Disposition. Aus diesem Grunde auch hatte sie bei der Eheschließung auf Gütertrennung bestanden. Ich darf annehmen, Avvocato, daß du die Maßnahmen Adelaides voll akzeptierst. Ich meine, als Mensch und als Jurist?« fragte Carlo. Und ihm war, als nicke der nicht vorhandene Freund im Dunkel der Trattoria ihm bestätigend zu.

»Allora, Avvocato, erzählen wir noch den Rest der Geschichte«, aber zuvor trank Carlo noch einen kräftigen Schluck Barbera, schaute zu Laura, die in einer Art Wachschlaf an seinen Lippen hing, um der oftmals gehörten Geschichte, die ja die Sensation ihres Lebens war, zu lauschen. Der gute Wein, die späte Stunde, die eigene Ergriffenheit ließen Carlos Stimme in ein leichtes Tremolo fallen, als er das hundertmal Gesagte wieder vortrug.

»Es war eine gute Zeit für Adelaide, eine Zeit der inneren und äußeren Festigung. Seit ihrer Heirat, aber auch durch die hohe Stellung ihres Mannes – sie hatte ihm übrigens dringend abgeraten, ein unsicheres Ministeramt anzustreben – fühlte sie sich nunmehr als etabliertes und anerkanntes Mitglied des italienischen Hochadels. Sie behielt ihr kleines Büro in ihrem Appartement bei. Von hier aus liefen die Telefongespräche zu ihren Freunden und Mittelsmännern an den großen europäischen Börsenplätzen. Wenn Adelaide dem Staatssekretär erklärt hatte, ›Schatz, das war das letzte‹, so hieß das in der Sprache ihres Meisters, daß das letzte immer das vorletzte ist. Bei der Sichtung des Nachlasses des Conte Alani hatte sie festgestellt, daß auch er noch einen Sicherheitsfonds von 50 Millionen für sich zurückbehalten hatte. Seine Weisheit bewundernd, verfuhr sie ebenso. Sie nannte das jetzt ihr ›Spielgeld‹.

Ihre Spekulationen waren vorsichtig und pedantisch genau. In sechs Jahren hatte sie ihr Kapital nicht nur verdoppelt, sondern durch Provisionen, die sie durch freundschaftliche Hinweise erhielt – ihr Mann, Avvocato, war immerhin Staatssekretär im Wirtschaftsministerium –, verdreifacht. Zwar hatte sie ihr Ziel, ein unabhängiges, bedeutendes Vermögen zu schaffen, noch nicht erreicht, aber aus ihrem Spielgeld war immerhin ein Anlagekapital von 150 Millionen Lire geworden.

Da trat ein Ereignis ein, mit dem Adelaide nicht gerechnet hatte, ja nicht hatte rechnen können. Ihr Mann, der Staatssekretär Conte Montenero, starb; ein Herzinfarkt riß ihn von der Seite seiner geliebten Frau. Der Sohn Alfredo, jetzt ein Knabe von acht Jahren, wurde vaterlos, eine Halbwaise, oder, wenn man wollte, auch nicht. Adelaide wußte nicht, was aus dem Tennislehrer geworden war. Sie hatte die gesamte romantische Affäre überwunden, so wie man eine Drüsenstörung überwindet und schließlich vergißt. Dennoch Avvocato«, erheischte Carlo die Zustimmung des schweigenden, nicht vorhandenen Freundes, »bitte vergiß nicht, Adelaide stand zum zweitenmal an der Bahre eines Mannes, mit dem sie tief verbunden war. Bei dem Conte Alani, wir dürfen ihn ja nicht als ihren Mann bezeichnen, wir wissen ja nicht einmal, ob er ihr Geliebter gewesen war, war es ein Meister-Schüler-Verhältnis, von Bewunderung und Dankbarkeit getragen, beim Conte Montenero war es ein Gefühl der Zuneigung, das man einem verläßlichen und getreuen Kameraden gegenüber hegt.

Der Conte erhielt ein Staatsbegräbnis, wie das einem Staatssekretär zusteht. Vielleicht heißen sie auch nur Staatssekretäre, weil ab dieser Rangstufe ein Staatsbegräbnis obligatorisch ist«, kalauerte Carlo in hintersinnigem Zynismus. »Eines aber ist unumstrittene Tatsache, Avvocato, die Contessa Alani-Montenero war die schönste Witwe Roms. Sie trauerte ein Jahr und trug dieses Jahr nur Schwarz, bedenke, in dieser leichtfertigen Zeit, in der Traditionen immer weniger Beachtung finden. Die römische Gesellschaft achtete diese Haltung hoch, und auch der Heilige Vater soll sich billigend geäußert haben. Dieses Jahr der Trauer und der inneren Einkehr, das solltest du mir glauben, Avvocato, war keineswegs eine vergeudete Zeit.

Adelaide sichtete den Nachlaß, fand voller Rührung ein Sparbuch des Conte Montenero auf ihren Namen von 30 Millionen Lire. Sie wertete dies als wirklichen Liebesbeweis, der es ihr erleichterte, einen weiteren Schicksalsschlag aufzufangen. Auch hier fand sich unter den Nachlaßpapieren eine Adoptionsurkunde, in der eine Contessa Montenero einen Paolo Pino adoptiert hatte. Der Vorname ihres verstorbenen Mannes war Paolo gewesen, und die Adoptionsurkunde des Conte Montenero glich der des Conte Alani in Aussehen und Wortlaut wie ein Blatt Papier dem anderen. So sehr hatte Adelaide im festen Glauben an die Nobilität gelebt, so sicher war ihre Überzeugung, in ihrem Sohn Alfredo der Welt einen echten Aristokraten geschenkt zu haben – der Tennislehrer lagerte in den Abgründen ihres Vergessens –, daß sie dieser Schlag mit voller Härte traf. In ihrem Schmerz, in ihrem wankenden Glauben an den Sinn der Nobilität, erreichte sie die tröstende Stimme des Meisters, des Conte Alani: ›Adel und Rittertum können durch die Beherrschung ihrer Tugenden erworben werden.‹ Dieses Wort, aber auch der Gedanke an den Conte Montenero, der ihr alles, was er besaß, vermacht hatte – und mehr sollte man von keinem Mann verlangen –, trug sie durch diese Krise.

Kurz vor Ende des Trauerjahres brachte sie ihren Sohn Alfredo in das beste Internat der Nordschweiz. Er sollte eine Erziehung erhalten, wie sie einem Conte Alani-Montenero zukam. Zurück im heimatlichen Rom packte sie die Trauerkleidung weg und erschien wieder auf den großen Gesellschaften und Empfängen der Hauptstadt.

Eine neue Heirat kam für sie nicht mehr in Frage. Ein bürgerlicher Gatte wäre ein gesellschaftlicher Abstieg gewesen, und eine erneute Ehe mit einem Grafen hätte wiederum die Gefahr einer zweifelhaften Nobilität in sich geborgen. Damit war ihre Position klar. Die Contessa Alani-Montenero würde dem Andenken ihres Gatten, der Zukunft ihres Sohnes leben und der Erfüllung ihres Wunsches nach dauerhaftem Besitz und Reichtum.

Unter dem Nachlaß ihres Mannes, der von der Contessa mit Fleiß und Akribie geprüft wurde, fand sie die Skizze einer Methangasleitung von Neapel bis hoch in die großen Städte Norditaliens. War der Bau dieser Gasleitung noch aktuell, oder gehörte er zu den tausend Aktivitäten, die Regierungen anpacken und dann doch wieder fallenlassen? Die Contessa prüfte den Verlauf der geplanten Gasleitung genau. Jetzt erkannte sie den Sinn darin, daß ihr Mann einige Felder Brachland in der Gegend um Neapel zum Preis von Pfennigen gekauft hatte.

Die Contessa fuhr nach Neapel. Sie sah sich die Grundstücke an, vor allem aber lernte sie den jungen Geometra kennen, der ihrem Mann den Verkauf der Grundstücke vermittelt hatte. Die Contessa fragte, welche Gründe ihr Mann für den Ankauf dieser wertlosen Ländereien angegeben habe. ›Nun‹, antwortete er, ›der Conte hat gesagt, er wolle vielleicht einmal eine Villa bauen und sich so mit dem nötigen Umland versehen.‹

Der Contessa fiel auf, daß die Grundstücke alle in einer bestimmten Süd-Nord-Richtung lagen, die mit dem Verlauf der Gasleitung identisch war. Ferner war augenscheinlich, daß die Grundstücke große Längen, aber geringe Breiten hatten. Die Contessa bewunderte ihren toten Mann. Mit dem jungen Geometra vereinbarte sie, daß dieser auf Anforderung sofort auf ihre Kosten nach Rom kommen solle, wann immer ihr Ruf ihn erreiche. Bestrickt von der Schönheit, der damenhaften Eleganz und Würde der Contessa, von ihrem Reichtum, aber auch von der Hoffnung auf ein gutes Geschäft, sagte der junge Mann willig zu.

Die große Operation, die dem blasser gewordenen Adel der Alani-Montenero den satten Glanz des Goldes verleihen sollte, war angelaufen. Zurück in Rom, besuchte die Contessa den Staatssekretär im Wirtschaftsministerium, den Nachfolger ihres Mannes. Der empfing sie voller Herzlichkeit und versicherte, der Diener der Contessa zu sein. ›Wir werden sehen, Eccellenza‹, lächelte diese. ›Mein Mann‹, so eröffnete die Contessa, ›hat mir einige, scheinbar wertlose Grundstücke im Raum von Neapel vererbt. Sie sind seit Jahren im Besitz der Familie. Nun will es der Zufall, daß diese Grundstücke im Verlauf der geplanten Gasleitung liegen. Ich frage Sie offen, Eccellenza, hat dieser Plan noch Hoffnung auf Verwirklichung?‹

Diese Frage trieb dem Staatssekretär eine leichte Röte ins Gesicht, und im Haaransatz glitzerten kleine Schweißperlen. Er schwieg lange. Dann sagte er bedachtsam, er könne der verehrten Contessa diese Frage nicht beantworten. Dies wäre Bruch eines Dienstgeheimnisses. Andererseits sei er seinem Vorgänger und Freund, dem toten Conte Montenero, gegenüber verpflichtet, dessen verehrte Witwe vor Schaden zu bewahren. Darum wolle er diese brisante Frage nicht beantworten. Wohl aber empfehle er der verehrten Contessa, in Verantwortung vor seinem toten Freund und ihrem verstorbenen Gatten, im augenblicklichen Zeitpunkt kein Land – unter gar keinen Umständen – zu verkaufen.

›Eine letzte Frage, verehrte Eccellenza, wann werden diese Ländereien eine Wertänderung erfahren?‹

O Avvocato, was für eine Frau, welche kühle, durchdringende Intelligenz. Sie fragte nicht, wann werden die Grundstückspreise dort unten steigen, nein, Avvocato, sie fragte: Wann wird es Wertänderungen geben? Diese Frage, Avvocato, konnte der Staatssekretär beantworten, ohne sein Dienstgeheimnis zu verletzen. Und so sagte er: ›Ja, Wertänderungen wird es geben, wahrscheinlich schon im nächsten halben Jahr.‹
Die blauen Augen der Contessa strahlten, die zarte weiße Haut schimmerte in perlmuttenem Glanz, die roten Lippen des feingezeichneten Mundes lächelten, die ganze Frau war ein einziger Dank. Und sie machte tatsächlich einen kleinen, ganz kleinen Knicks vor dem weißhaarigen Staatssekretär, hauchte ein ›Eccellenza‹ und verschwand. Der junge Geometra wurde nach Rom bestellt, dann eine Landerschließungsgesellschaft gegründet, der Geometra mit drei Prozent am Gewinn beteiligt, und als vier Monate später das Parlament dem Bau einer Gasleitung von Neapel zum italienischen Norden zustimmte, waren siebzehn Prozent der benötigten Ländereien von Neapel bis Mittelitalien im Besitz der Contessa. Das letzte Lebensziel der Contessa war erfüllt, sie war im Besitz eines Milliardenvermögens. Zwar sprach die linke Presse von einer Riesenschieberei auf Kosten der kleinen und betrogenen Landbesitzer und des italienischen Staates, der dem Preisdiktat der Contessa ausgeliefert sei. Man bestellte sie vor einen parlamen-

tarischen Untersuchungsausschuß. Dort sagte sie mit fester Stimme unter Eid, ihr Mann habe ihr niemals, niemals Informationen gegeben über den Bau und den Verlauf der Trasse der Gasleitung. Den Vorwurf, vom Nachfolger ihres Mannes, dem amtierenden Staatssekretär, Nachrichten über zu erwartende Wertsteigerungen bestimmter Grundstücke erhalten zu haben, lehnte sie mit kühler Stimme ab. Alle entsprechenden Kreise in Rom wüßten um ihre Aufmerksamkeit, die sie den großen Kapitalmärkten Europas widme. Genauso bekannt sei ihr Interesse für wirtschaftspolitische Entwicklungen. Wer wirtschaftspolitische Notwendigkeiten kenne, habe wissen müssen, daß der Bau einer Gasleitung als saubere Energiequelle nur eine Frage der Zeit sei. Der Verlauf der Trasse sei errechenbar gewesen. Aber sie habe auch ein hohes Risiko auf sich genommen, um ihrem Sohn, einer Halbwaise, deren Vater sich im Dienste des Staates aufgeopfert habe, eine Zukunft zu geben. ›Ja‹, fragte die Contessa Alani-Montenero, ›ist es denn in Italien verboten, erfolgreich zu sein, ist es Italiens Müttern verboten, für ihre Kinder zu sorgen?‹

Auf die Frage, ob sie sich schuldig bekenne, die kleinen Landbesitzer übervorteilt zu haben, wußte sie die Antwort: Nein, die kleinen Landbesitzer seien alle recht zufrieden gewesen. Denn sie habe alle Grundstücke zehn Prozent über Tageswert bewertet und bezahlt. Aber da man ihr gegenüber mit Unterstellungen und dubiosen Fragen operiere, möge man von ihrer Seite die Unterstellung hinnehmen, daß nicht die kleinen, durch sie abgefundenen Landbesitzer sich geschädigt fühlten, sondern vielleicht die Funktionäre der staatlichen Energiegesellschaft, die durch ihre, der Contessa, Landkäufe, ihre eigenen Gewinnhoffnungen beeinträchtigt sähen. Und zum Schluß stellte sie eine letzte Frage: Aus den Papieren, die sie jetzt dem Herrn Vorsitzenden übergebe, sei ersichtlich, daß sie ihr Land an den Staat beziehungsweise seine Energiegesellschaft zu einem weitaus geringeren Preis verkauft habe, als der Staat bei den vielen Einzelbesitzern zahlen mußte. In anderen Ländern, lächelte die Contessa, bekäme man für eine solche Lösung wirtschaftlicher Probleme einen Orden!

O Avvocato, was für eine Frau! Ganz alleine vor der Horde von Parlamentariern, kämpfte sie für ihr Recht. Nur geschützt durch die Waffen ihrer Klugheit, den Schild ihres Mutes, den Zauber ihrer Schönheit. Ich bin stolz, Avvocato, denn ich habe ihr Lesen, Schreiben und Rechnen, habe ihr die ehernen Grundsätze der Logik beigebracht. Sie ist ein Kind meines Geistes. Der Conte Alani baute auf meinen Fundamenten auf. Über all dies schweigen zu müssen, meinen Stolz nicht in die Welt hinausschreien zu dürfen, das ist mehr als eine Qual, mehr als eine Strafe. Die größte Geschichte meines Lebens nicht erzählen zu dürfen, das ist ein Schicksal, Avvocato«, rief Carlo ins Dunkel der Trattoria dem nicht vorhandenen Freunde zu. Aber sein Ruf konnte keine Antwort finden.

Monate später, der Sommer ließ sein Ende ahnen, betrat der Avvocato die Trattoria, bereit, sein Abendessen zu nehmen. Man sprach die vorhandenen Möglichkeiten durch, wägte und verwarf, doch schließlich hatte man ein Menü gefunden, das, genußreich und leicht, die Taille des Avvocato nicht zu sehr attackieren würde. Da alles frisch zubereitet wurde, reichte Carlo etwas Parmigiano, den er heute bei einem Händler in Bergamo gekauft hatte, zur Überbrückung. Dazu paßte, wie immer, ein Schluck Barbera.

Vertraulich fragte Carlo: »Sie sehen heute so heiter, so gelöst aus, Avvocato, hatten Sie einen guten Tag?«

»Ja, mehr als das«, meinte der Avvocato in seiner ruhigen Art. »Ich habe eine hinreißende Frau kennengelernt und ein gutes Geschäft gemacht. Mehr kann die Welt nicht bieten.« Dann fügte er erklärend hinzu: »Es handelt sich um eine Eigentumsübertragung bezüglich der Villa Apollonia, drüben, auf der piemontesischen Seite des Sees. Die Käuferin ist eine römische Adelige. Sie hat eine runde Milliarde auf den Tisch gelegt. Eine gewisse Gräfin Alani-Montenero.«

Carlos Gesicht war schneeweiß geworden. Laura stand lauernd in der Küchentür. »Ja, eine gewisse Gräfin Alani-Montenero, die vor zehn

Jahren vor dem parlamentarischen Untersuchungsausschuß den Heuchlern des staatlichen Energiekonzerns die Maske vom Gesicht gerissen hat«, sagte der Avvocato arglos, und nach einer Weile fuhr er fort: »Ich habe damals ihre Rede mit äußerstem Vergnügen gelesen. Und wenn man sie kennenlernt, versteht man sie erst richtig. Die Contessa«, sagte er abschließend, »ist eine Synthese von Schönheit, Geist und Willen.«

»Avvocato«, flüsterte Carlo, »haben Sie mein großes Geheimnis erraten?«

»Nein, Carlo.« Und dann erklärte der Avvocato würdevoll: »Geheimnisse, Carlo, werden mir berufsmäßig anvertraut. Ich pflege sie weder zu erraten noch in sie einzudringen. Wenn du ein Geheimnis hast, mein Freund, bewahre es. Ein Geheimnis zu bewahren ist gleichsam ein Exerzitium für Geist, Seele und Charakter.«

Aber da kam auch schon Laura und stellte lächelnd als ersten Gang ein Soufflé von frischen Steinpilzen auf den Tisch.

Anna, die Fischerin

Donnerstags und freitags klang über die Dörfer am Lago Maggiore eine volle, tragende Frauenstimme. »pesci – pesci freschi! – Fische – frische Fische!« Wenn die Menschen in den Dörfern diese Stimme hörten, sagten sie: »Anna kommt, es gibt frische Fische.« Manche sagten auch: »Unsere Anna kommt!« Anna, die Fischerin. Und das ist ihr Schicksal:

Vor einem Dutzend Jahren, es war eine jener Mai- und Vollmondnächte, die den Menschen einen unruhigen Schlaf bescheren, klingelte in der Trattoria das Telefon. Laura stieß den schnarchenden Carlo an: »Carlo, das Telefon, wach auf, das Telefon.« Carlo fuhr hoch aus seinen Barberaträumen. Im Morgendämmern schaute er auf die Uhr. »Madonna, was für eine Zeit, es ist halb sechs.« Aber das Telefon läutete unerbittlich. Carlo, in seinem Nachthemd, schaukelte wie eine große, weiße Glocke durch das eheliche Schlafgemach, hinunter in die Trattoria. Er nahm den Hörer des quengelnden Telefons und raunzte erbost: »Pronto.«

Eine erregte Frauenstimme flüsterte: »Bist du es, Carlo?«

Auf den Flüsterton der Frauenstimme eingehend, sagte Carlo: »Si, aber wer ist dort?«

»Anna«, antwortete es.

»Anna, la pescatrice?« fragte Carlo.

»Si, si, komm runter zum Hafen, in mein Haus. Es ist etwas Schreckliches passiert, Carlo. Ich habe Pietro getötet.«

»Madonna, Madonna«, stöhnte Carlo. »Anna«, sagte er dann mit befehlsgewohnter Stimme, »ich komme sofort, bleib ganz ruhig. Setz dich in ein anderes Zimmer, leg die Hände in den Schoß und rühre dich nicht und warte, bis ich komme. Hast du einen Schnaps im Haus?«

»Nein, Carlo, du weißt doch.«

»Capito, capito«, murmelte Carlo.

Er warf den Telefonhörer in die Halterung. Plötzlich stand Laura neben ihm. Half ihm in den Regenmantel und steckte eine Flasche Grappa und zwei Schnapsgläser in die tiefen Manteltaschen. Dann stürzte Carlo, einer rollenden, hüpfenden Kugel gleich, die Straßen und Gäßchen von Porto hinunter zum Hafen, zum Haus der Fischerin.

Anna erwartete ihn im Flur. Sie deutete, das Gesicht zur Schreckensmaske verzerrt, auf die Küchentür. Vor einem steinernen Trog mit Wasseran- und -abfluß lag Pietro, der Fischer. Er lag auf dem Bauch, ein Messer im Rücken. In dem Trog, der wie eine Küchenspüle fest an die Wand anschloß, lagen ausgeweidete Fische, Innereien, aber auch noch lebende, zappelnde Fische. Ein grausiges Tableau von Leben, Tod und Vergänglichkeit. Davor, ein tragisches Menetekel, der tote Fischer.

Da offenbar keine Hilfe mehr möglich war, nahm Carlo Annas Hand und führte sie, die wie ein Kind folgte, in ein anderes Zimmer. Sie setzten sich. Carlo förderte aus der Tiefe seiner Manteltasche die Flasche Grappa hervor, die beiden Schnapsgläser hielt er in den gespreizten Fingern, und schüttete ein. Sie leerten beide die Gläser in einem Zug. Carlo füllte sofort wieder nach, und nochmals, wie beim ersten Glas, goßen sie den scharfen Grappa, sei es als Lebenselixier oder als Betäubungsmittel, in sich hinein.

»Sprich, Anna, mi dica«, forderte Carlo.

»Ich war die ganze Nacht auf dem See und habe gefischt.«

»Si, si«, bestätigte Carlo: »Als ich das Haus für die Nacht abschloß, habe ich die Lichter deines Bootes auf dem See gesehen.«

Anna nickte. »Als ich kurz nach vier Uhr zurückkam, war Pietro nicht im Haus. Also war er die ganze Nacht auf Sauftour. Ich trug die Fische aus dem Boot ins Haus, schüttete sie in den Trog, ließ etwas Wasser einlaufen und begann sie auszunehmen und zu reinigen. Da hörte ich die Türe, Pietro war im Haus. Ich hörte seinen torkelnden Gang, ich drehte mich nicht um, ich wollte ihn nicht sehen in seiner Trunkenheit, in seiner Entwürdigung. Vielleicht aber hat gerade das ihn so gegen mich aufgebracht. Er riß mich herum, warf mich rückwärts in den nassen Trog, den Rücken auf toten oder zappelnden Fischen und zwischen dem Abfall der ausgeweideten. Dann riß er meine Beine auseinander und wollte mich nehmen. Da langte ich um mich, nach rückwärts, unter die Fische. Meine Hand griff das Messer, sie hätte genausogut den kleinen Knüppel finden können, mit dem ich die Fische töte, bevor ich sie ausnehme, aber meine Hand fand das Messer. Ich schlug es ihm in den Rücken. Er sackte von mir herunter. Da wußte ich, ich hatte meinen Mann ermordet.«

Während sie sprach, hatte Carlo ihre Hände ergriffen. Sie hatte ihm immer in die Augen geschaut, ob sie in ihnen Verständnis finden würde für die Tat, unter der sie litt. Carlo stand auf. Er trat hinter ihren Stuhl und legte die Hände fest auf ihre Schultern, damit sie sich gehalten fühlte.

»Wir müssen ganz ruhig sein, ruhig und klug, Anna«, mahnte er. »Jetzt müssen wir den Maresciallo rufen. Du mußt alles genauso erzählen, wie du es mir gesagt hast. Dazu wirst du aussagen, du hast um dein Leben gefürchtet und aus Notwehr gehandelt.« »Nein«, korrigierte sich Carlo, »ich werde zuerst den Avvocato anrufen, oder willst du einen anderen Anwalt, einen berühmtem Mann aus Mailand? An Geld darfst du jetzt nicht denken, Anna, das ist Nebensache.«

»Nein, ich will unseren Avvocato, er kennt

uns, er kennt mich, er kennt auch mein Elend mit Pietro«, bekannte sich Anna.

Carlo nickte beifällig. Dann eilte er, die notwendigen Telefonate zu führen.

Zuerst war, wie erhofft, der Avvocato zur Stelle. Von Carlo informiert, eilte er sofort zum Tatort, warf einen Blick auf das monströse Szenerio, dann ging er zu Anna und Carlo in die Stube. Er breitete die Arme aus, und Anna sank an seine Brust. Da endlich löste sich ihr Leid in Tränen auf.

Der Avvocato, nicht wissend, wieviel Zeit ihm bis zum Eintreffen des Maresciallo verbleiben würde, sagte rasch und konzentriert: »Anna, Sie müssen sich jetzt fassen. Wir greifen Carlos Vorschlag auf und plädieren auf Notwehr. Der Untersuchungsrichter wird versuchen, Ihnen Vorsatz, das heißt vorsätzlichen Mord zu unterstellen – Signora, haben Sie nicht schon oftmals seinen Tod gewünscht, wenn er betrunken über sie herfiel? – Solche Fragen werden kommen, aber Sie werden immer mit ›Nein‹ antworten.« Und draußen, den Jeep des Maresciallo hörend, sagte er noch einmal mit Nachdruck: »Anna, Sie haben nie an Mord gedacht. Sie sind praktizierende Katholikin, Mord, vor allem Gattenmord, ist nicht in Ihrer Vorstellungswelt. Es war Notwehr, ein tragischer Unfall, basta finito.«

Der Maresciallo stand plötzlich im Raum, prächtig in seiner Uniform, ein Berg von Autorität und Macht. Mißtrauisch, aus kleinen Augen blinzelnd, sagte er: »Merkwürdig, hier wird der Avvocato eher benachrichtigt als der Maresciallo.«

Der Avvocato war kühl und souverän: »Bleiben wir präzise, Maresciallo, ich war eher am Tatort als Sie, das ist der Tatbestand. Alles andere ist Spekulation.« Dann fügte er versöhnlich hinzu: »Es wird eine Sache des Weges sein, denke ich.«

Der Maresciallo griff den Ball auf und änderte seine Taktik. Freundlich trat er zu Anna. »Wir kennen uns ein Leben lang, Anna«, hub er an. »Keiner weiß besser als ich, was Sie in den letzten Jahren erduldet haben. Wie oft habe ich Pietro in die Ausnüchterungszelle gesperrt. Sie haben die Hölle durchlebt. All das wird Berücksichtigung finden. Machen Sie Ihre Aussage, geben Sie ein umfassendes Geständnis, das kann Ihre Lage nur verbessern.«

Der Blick des Avvocato gebot Anna Schweigen. »Maresciallo, Sie sind nicht der Untersuchungsrichter, vor dem ein Geständnis abzulegen wäre. *Wäre*, Maresciallo. Denn meine Mandantin hat in diesem Sinne kein Geständnis abzulegen. Was Sie als Mord ansehen, war ein Unfall im Rahmen eines Notwehraktes.«

Drei Monate später war die Hauptverhandlung vor dem Tribunal in Varese. Die Angeklagte, Anna C., eine große blonde Frau, die den Schock ihrer Tat überwunden zu haben schien, betrat gelassen die Anklagebank.

Auf den Zuschauerbänken saßen Carlo und Laura, ohne Lina, die das Haus bewachte. Aber Tino, der Schmied mit dem Alfa, der Capitano, Paolino der Schreiner und der alte Beltramini, Don Domenico, der Pfarrer von Porto, aber auch die Baronessa waren erschienen, um zu zeigen, daß sie Teil dieser Gemeinschaft waren.

Der Richter, ein Herr über sechzig, Süditaliener, eine Vaterfigur mit silbernem Haar. Die beiden Beisitzer, Berufsrichter, und dann die sechs Geschworenen, alles Männer jenseits der Lebensmitte mit den leuchtenden Schärpen der Republik.

Der Staatsanwalt, ein eloquenter junger Mann, bereit, seinen ersten Prozeß zu gewinnen.

Die juristische Liturgie konnte beginnen!

Die Einvernahme der Angeklagten zur Person. Die Abhandlung persönlicher Daten. Dann konnte der Richter angesichts des blonden Haarschopfes der Angeklagten nicht der Frage widerstehen, ob ihre Geburt der Tatsache der Anwesenheit deutscher Truppen in Italien während des Zweiten Weltkrieges zu verdanken sei.

Die Angeklagte erklärte würdevoll, nein, dazu sei sie wohl ein Jahrzehnt zu alt. Im übrigen sei sie Lombardin, und bei einer blonden Lombardin sei der Schluß nahe, daß sie von den Langobarden abstamme.

Der süditalienische Richter lehnte sich betroffen zurück. Eine blendende Antwort auf eine dumme Frage, dachte der Avvocato, aber der Frager war der Richter, und der fühlte sich anscheinend verletzt. Der junge Staatsanwalt schaute anbiedernd zum Richter hinauf und zeigte seine Empörung über die unziemliche Antwort deutlicher. Der Avvocato bewahrte die Ruhe und strahlte Sicherheit und Vertrauen aus.

Die Anklage wurde verlesen. Darin hieß es: Mord des Ehegatten nach vorhergegangener Verweigerung der ehelichen Pflichten seitens der Angeklagten. Ein Aufstöhnen ging durch die Zuschauerreihen bei dieser Verkürzung, ja richtiger: Verzerrung des Tatbestandes.

Vernehmung der Angeklagten: Immer wieder versuchte der Staatsanwalt, einen Tötungsvorsatz zu unterstellen: »Signora«, insistierte er: »Ihr Mann war krankhafter Alkoholiker. Wir wissen, welches Martyrium das Zusammenleben mit einem solchen Menschen für die Angehörigen, namentlich für die Ehefrau bedeutet. Muß sich da nicht im Herzen der Ehefrau oder eines anderen nahen Verwandten der Wunsch einschleichen, diesen unglückseligen Menschen zu seinem eigenen Wohle und zum Wohle aller zu beseitigen, sich von dieser schier unerträglichen Last zu befreien?« Immer wieder kam diese Frage, in veränderter, verkleideter Form. Aber die blonde Lombardin blieb unerschütterlich. Nein und nochmals nein, einen solchen Gedanken habe sie nie und zu keiner Zeit gehabt. Sie habe ihr Schicksal als Fügung Gottes angesehen und darum ertragen.

Das gütige Rundgesicht Don Domenicos strahlte Zustimmung. Er würde das Schicksal der Fischerin Anna zum Thema einer Sonntagspredigt machen – unter dem Obergedanken »Den Willen Gottes annehmen«. Und indem er die blonde Lombardin in ihrer Würde und Standhaftigkeit betrachtete, dachte er: Was wäre die Kirche ohne die Frauen? Wir Männer erscheinen als die großen Zeremonienmeister und Figuranten, aber wir stehen auf dem Glaubensfundament der Frauen. Sie sind in Wahrheit das Salz der Kirche. Dann wandte er sich wieder dem gerichtlichen Ritual zu.

Zeugenvernehmung? Aber es gab ja eigentlich keine Zeugen. Die Zeugin und Ausführende der Tat war Anna. Man konnte ihre Schilderung des Tathergangs annehmen oder verwerfen. Und in den Gesichtern der richtenden Männerphalanx stand: »Verwerfen«. Denn dem Staatsanwalt war es in seinem Abschlußplädoyer gelungen, in die Hirne der Richter den Gedanken zu setzen, daß ein solches Leid nicht ertragbar sei, ohne daß im Menschen Mordgedanken reiften. Er halte es nicht einmal für besonders verwerflich, daß solche Gedanken im Menschen aufstiegen. Solche Gedanken keimen, entwickeln sich, wachsen über Jahre hin, sie verdichten sich und kommen dann, wenn Gelegenheit und Mittel vorhanden sind, zur Explosion. Und an dem Morgen der Tat, die Angeklagte hatte die Nacht über gearbeitet, eine Arbeit, die eigentlich Sache ihres Mannes gewesen wäre, die sie seit langen Jahren für ihn verrichtete, an diesem Morgen hatten ihre Gefühle aus Demütigung und Haß sich zu einem hochexplosiven Gemisch verdichtet. Als der betrunkene Ehemann die Küche betrat, führte sie, das Messer in der Hand, den tödlichen Hieb.

Der Avvocato, der jetzt nach vorne trat, um das Plädoyer der Verteidigung zu halten, las mit besorgtem Blick Zustimmung in den Gesichtern der drei Berufsrichter und der sechs Schöffen. Er machte eine kleine, gemessene Verbeugung und begann:

»Herr Präsident, hohes Gericht, meine Verteidigung ist denkbar einfach. Wir haben eine Angeklagte, die von der ersten Stunde an zugegeben hat, ihren Mann erstochen zu haben. Sie leidet unter dieser Tat und empfindet sie, als getreue Tochter der katholischen Kirche, über das weltliche Recht hinaus als Sünde. Sie ist unsere Angeklagte und zugleich unsere einzige Zeugin. Denn niemand hat den Hergang der Tat gesehen, nur sie selbst. Wir haben es mit einem Menschen zu tun, der niemals vorbestraft wurde und niemals mit dem Gesetz in Konflikt geraten ist. Ihr Leben in dem kleinen Porto am See liegt offen vor uns. Ihre Mitbürger, ja ihr Seelsorger, sie alle sind in diesem Saal und kennen sie. Jeder kann und wird Ihnen die Tadellosigkeit dieses Lebens bezeugen. Der Herr Staatsanwalt mag jeden einzelnen von ihnen befragen und sein Zeugnis einholen. Es wird der Bericht eines Opferganges sein. Der einzige Sohn entflieht vor dem immer betrunkenen Tyrannen und Vater mit achtzehn Jahren nach Turin. Die Frau, Anna, aber bleibt getreu an der Seite dieses psychopathischen Trinkers. Wir Leute aus Porto wissen um dieses Leid. Wir wissen um die Prügel, die diese Frau ein-, zweimal wöchentlich ertragen mußte. Wir konnten ihr nie zu Hilfe eilen, weil sie nie schrie. Ihre Scham, aber auch der Wille, diese Ehe wenigstens äußerlich aufrechtzuerhalten, waren so groß, daß sie die körperlichen Züchtigungen schweigend ertrug. Als ihr Mann in seiner immerwährenden Betrunkenheit seinen Beruf als Fischer nicht mehr ausüben konnte, übernahm sie ohne ein Wort diese Arbeit. Es ist keine leichte Arbeit, Signori, Nacht für Nacht auf dem See Fische zu fangen. In den Nächten ist es auch im Sommer kalt, geschweige denn im Frühling, Herbst oder Winter. Wir haben sie nie klagend erlebt, sondern immer schweigend in der Erfüllung ihrer Pflicht. Und gerade diese Tatsache, daß sie dieses Joch jahrzehntelang ertrug, versucht nun die Staatsanwaltschaft in eine Schuld- und Vorsatztheorie umzuinterpretieren. – Mußte sich nicht in ihr in all den Jahren der Unterdrückung und Demütigung – so der Herr Staatsanwalt –, der Wunsch einschleichen, sich von diesem unerträglichen Menschen zu befreien? Ja, er zeigt auf, wie in unserer Angeklagten Mordgedanken aufkeimen, sich entwickeln mußten, ja, er selbst fände das sogar verständlich. –

Um all das deutlich zu machen, vergleicht der Herr Staatsanwalt die seelischen Vorgänge in einem Menschen mit den physikalischen Ereignissen in einem Explosionsmotor. Und weil er all das trotz seines großen rhetorischen Aufwands nicht beweisen kann, unterstellt er der Angeklagten Mordgedanken und Mordgelüste.

Nun, dieses Italien, in dem wir heute leben, ist ein aufgeklärtes Land. Zum letzten Male, als hier Gedanken und Wünsche eines Menschen verurteilt wurden, geschah dies vor den Gerichten der Heiligen Inquisition und nicht vor den Gerichten dieser Republik, in der wir leben.«

Sogar um die Lippen des Gerichtspräsidenten spielte jetzt ein kleines Lächeln, und es schien, als sei die Luft im Gerichtssaal etwas freier geworden.

Dann fuhr der Avvocato fort: »Nun haben wir zwar außer der Angeklagten keinen Tatzeugen, aber wir haben doch einen Zeugen, der über die Situation kurz nach der Tat berichten kann. Es ist dies ein völlig unbedenklicher Zeuge, den auch die Staatsanwaltschaft akzeptieren muß. Ich bitte mit der ausdrücklichen Erlaubnis des Herrn Präsidenten, trotz Abschluß der Beweisaufnahme, den Maresciallo von Porto um sein Zeugnis.«

Der Maresciallo erhob sich und trat voller Gewichtigkeit in den Zeugenstand.

»Signor Maresciallo«, fragte der Avvocato, »Sie waren an dem verhängnisvollen Morgen vielleicht zehn Minuten, wenn nicht noch weniger, nach der Tat im Hause der Angeklagten. Haben Sie den Rücken und das Hinterhaupt der Angeklagten gesehen?«

»Ja, Avvocato«, so der Maresciallo.

»Maresciallo, ist Ihnen am Rücken und an den Haaren des Hinterkopfes der Angeklagten etwas aufgefallen, wenn ja, so berichten Sie uns bitte.«

Die Augen des Maresciallo glänzten auf. Er erkannte den Sinn der Frage. »Ja, Avvocato, der Rücken von Annas Kleid war durchnäßt, ebenso die Haare ihres Hinterkopfes. Aber«, so fügte er ergänzend hinzu, »außerdem befanden sich im Haar und am Rücken des Kleides Fischschuppen und Teile von Fischeingeweiden.«

»Danke, grazie, Maresciallo, ich danke für Ihre Aussage. Sie können den Zeugenstand verlassen.«

Nun richtete der Avvocato seine Augen fest auf die sechs Geschworenen, dann sah er den Präsidenten und sein Richterkollegium an und sagte in sehr sachlichem Tone: »Nun sind wir doch einen Schritt weitergekommen, über das Konglomerat von Wünschen und Mordgedanken hinaus, das der Herr Staatsanwalt in die Angeklagte hineinprojiziert. Wir können aufgrund der Aussage des Maresciallo, einer Amtsperson, beweisen, daß die Aussage der Angeklagten, ihr volltrunkener Ehemann habe sie rückwärts in den Fischtrog gestoßen, die reine Wahrheit ist. Beweis: der durchnäßte Rücken des Kleides, das nasse Haupthaar der Angeklagten sowie die Beschmutzungen durch die Fischeingeweide, so, wie uns der Maresciallo soeben berichtet hat.

Diese Aussage ist doch wesentlich konkreter als die Hypothesen des Herrn Staatsanwalts über die Gefühle der Angeklagten, die sich zu einem hochexplosiven Gemisch komprimiert haben sollen. Im übrigen«, so führte der Avvocato aus, »ist auch der Tenor der Anklageschrift zu ändern, der da lautet: ›Mord des Ehegatten nach vorangegangener Verweigerung der ehelichen Pflichten seitens der Angeklagten.‹ Richtiger, hohes Gericht, sollte es heißen: ›Notwehrakt mit tödlichem Ausgang, zur Abwehr eines Angriffs.‹«

Dann sagte der Avvocato, und das Gericht wie die Zuhörer waren gleichermaßen im Banne seiner Gedanken: »Hohes Gericht! Das italienische Recht kennt noch nicht den Tatbestand der Vergewaltigung innerhalb der Ehe. Aber ich bin gewiß, die Jüngeren unter Ihnen werden es erleben, daß dies einmal ein Delikt im italienischen Strafrecht sein wird. Und so bitte ich, erkennen Sie auf Freispruch, erkennen Sie auf Notwehr in Abwehr eines Angriffs mit tödlichem Ausgang. Prägen Sie ein Urteil in die Zukunft hinein, für diese arme Frau und für alle Frauen in diesem Land, die solches erleiden müssen.«

Stille herrschte im Gerichtssaal. Eine tiefe, zwingende Stille, die überzeugender war als der rauschende Beifall. Dann erhob sich der Gerichtspräsident, sehr vornehm, sehr würdevoll, und erklärte, das Gericht ziehe sich nunmehr zur Beratung zurück. Der Präsident und seine beiden Beisitzer, gefolgt von den sechs Schöffen mit den leuchtenden Trikolorenschärpen, verließen – eine kleine, nachdenkliche Prozession – den Gerichtssaal. Der Staatsanwalt, nicht wissend, ob Sieger oder Besiegter, verließ mit schnellen Schritten durch eine andere Tür den Saal des Tribunals.

Sofort brandeten die Stimmen auf. Alles drängte sich nach vorne zur Bank des Verteidigers. Man schüttelte ihm die Hände, gratulierte, Carlo rief: »Avvocato, ich bin stolz, diesen Tag erlebt zu haben.«

Der Avvocato schritt hinüber zu Anna, die eigentlich jetzt schon bis zur Urteilsverkündung aus dem Saal geführt werden sollte. Er hob die Hand, und der Saal füllte sich mit lauschender Stille.

»Liebe Anna, liebe Freunde, schraubt eure Hoffnungen nicht zu hoch. Ich rechne nicht mit dem von uns allen erhofften Freispruch. Dort drüben in diesem ›concilio‹ sitzt eine Männergesellschaft über sich selbst zu Gericht, und das ist ein schmerzhafter Prozeß. Er fordert Erkenntnisfähigkeit und, was noch schwerer wiegt, Überwindung der Eigenliebe und der Vorurteile. In unserem Land ist der Mann im Verhältnis zur Frau noch immer ein Halbgott, und als Ehemann ist er ein Gott. Und einen solchen darf man nicht töten, egal wie betrunken, wie brutal, wie tyrannisch er ist. Das Strafmaß, liebe Anna, ich sagte es Ihnen mehrfach, liegt zwischen sieben und fünfzehn Jahren, alles, was unter sieben Jahren liegt, ist ein Erfolg, jedes Urteil unter fünf Jahren ein großer Erfolg.«

Wie der Anwalt prophezeit hatte, dauerte die Beratung lange, sehr lange. Nach vier Stunden erschien das Gericht. Die Akteure der Gerechtigkeit nahmen ihre vorgesehenen Positionen ein. Der Präsident, zu seiner Rechten und seiner Linken die Beisitzer, dann die sechs Schöffen. Der Staatsanwalt, der Verteidiger und schließlich die Angeklagte. Der Präsident verlas das Urteil: Drei Jahre Gefängnis und sofortige Einweisung in die Frauenabteilung des Gefängnisses San Vittore in Mailand.

Dann die Begründung: Das Gericht habe zwischen zwei Anträgen, dem des Staatsanwalts, lautend auf fünfzehn Jahre wegen Mordes, und dem Antrag der Verteidigung auf Freispruch wegen eines Notwehraktes zur Abwehr eines Angriffs den Weg der Gerechtigkeit suchen müssen. Der Antrag der Staatsanwaltschaft lasse jegliche Subtilität vermissen. Keiner der vielen Milderungsgründe, vor allem ihre bisherige Schuldfreiheit, die hohe persönliche Moralität der Angeklagten, habe im Schuldmaß der Anklage Berücksichtigung erfahren. Zum Antrag der Verteidigung habe das Gericht befunden, daß die Notwehrsituation, auf die sich die Verteidigung stütze, nicht in letzter Konsequenz habe glaubhaft gemacht werden können. Mord sei ein schweres Verbrechen, vor allem Gattenmord. Trotzdem habe das Gericht die von der Verteidigung eingebrachten Strafmilderungsgründe geprüft und in die Findung des Strafmaßes einfließen lassen. Beim Plädoyer des Herrn Verteidigers sei das Gericht zu der Überzeugung gelangt, daß dieser sich von seiner forensischen Eloquenz habe hinreißen lassen, als er ein Urteil forderte, das in die Zukunft weise. Das Gericht sei sicher, daß es auch dem Herrn Verteidiger geläufig sei, daß ein Gericht nicht Urteile fällen könne, die in die Zukunft weisen – ein Gericht könne kein neues Recht setzen. Diese Forderung sei an den Gesetzgeber in Rom zu richten. Ein Gericht könne die Rechtsfindung nur im Rahmen der bestehenden Gesetze vornehmen. »Darum«, und der Präsident hob leicht die Stimme, »hat sich dieses Gericht in besonderer Weise bemüht.«

Die Angeklagte, befragt, ob sie das Urteil annehme, antwortete mit einem klaren und vernehmlichen »Ja«.

In der Zeit ihrer Gefangenschaft formte sich die Persönlichkeit von Anna, der Fischerin, in besonderer Weise. Da das eigene Gewissen unerbittlicher ist als jede weltliche Instanz, tauchte in ihr immer wieder die Frage auf, ob bei einem anderen Verhalten ihrerseits der Mord an ihrem Manne, dem trunksüchtigen Fischer Pietro, hätte vermieden werden können. Dann quälte sie der Gedanke, daß ihr Mann ja schließlich an ihrer Seite so geworden war. So empfand sie ihre Strafe als gerecht und als eine Reinigung von ihrer Schuld. Im übrigen hatte die Strafgefangene Anna in ihrem Leben noch nie so viel Zeit für sich persönlich gehabt wie im Gefängnis San Vittore. Die Gefängnisbücherei vermittelte ihr, daß das Leben nicht nur aus Porto und ihrer eigenen kleinen Welt bestand. Ihre persönliche Ausgeglichenheit, ihre friedfertige Persönlichkeit gaben ihr im Frauentrakt von San Vittore eine besondere Stellung. So wurde sie, nach zweieinviertel Jahren Haft, wegen besonders guter Führung entlassen.

Als ihr Entlassungstermin in Porto bekannt wurde, schoß eine Stichflamme des Hasses in der kleinen, friedlichen Stadt auf. Ein Bologneser, der sich nach 1945 in Porto niedergelassen hatte und dort einen florierenden Importhandel betrieb, geiferte etwas von unverantwortlicher Milde gegenüber Mordweibern – und anderes gehässiges Gewäsch.

Carlo, der den Ehrenmann auf der Via Roma traf, entführte ihn in die Trattoria, die um diese Stunde menschenleer war. Er leitete ihn zum hintersten Tisch, an dem er so manches schwierige Gespräch geführt hatte, schenkte ihm ein Glas Barbera ein und ging die Sache frontal an: »Caro Claudio, als du hier nach dem Krieg in Porto auftauchtest – und wer auftaucht, war ja meistens irgendwo untergetaucht –, haben wir nicht nach deiner Vergangenheit gefragt, sondern dich aufgenommen und angenommen. Ja, es hat auch bei uns damals einige gegeben, die sich gefragt haben: Wieso läßt sich ein Mann aus Bologna in Porto nieder? Was hat er zu verstecken? Kann er sich in Bologna nicht mehr sehen lassen? Hat er eine faschistische Vergangenheit? Aber ich und einige Vernünftige haben gesagt: Laßt den Mann doch in Frieden ... Wenn er eine große Nummer gewesen ist, dann wird unsere Justitia ihn schon finden. Ist er aber nur einer der vielen kleinen Lumpen gewesen, deren größte Sünde die Feigheit und die Schwachheit war, dann soll er hier Frieden finden.«

Claudios Gesicht, in einem fetten Grau, sah aus wie überständiger Pizzateig.

»Ich würde nicht gerne nach Bologna fahren müssen, Claudio«, schoß Carlo noch einen letzten Pfeil ab.

»Das ist auch völlig unnötig, Carlo, völlig unnötig, die Fischerin Anna soll ihren Frieden haben, genauso, wie ich ihn gefunden habe.«

»Vor allem, Claudio«, das mußte Carlo noch loswerden, »die Fischerin hat ihre Schuld gebüßt.«

Die Fischerin Anna wurde in Porto wieder aufgenommen. Der Capitano zeigte ihr stolz ihr Boot. Er hatte es sichergestellt, und die Freunde hatten es gefirnißt und lackiert. Paolino, der Schreiner, hatte die notwendigen Holzarbeiten fachmännisch durchgeführt. Die Lampen, die zur Nachtfischerei gehörten, waren in Ordnung gebracht, alle Fischereigeräte gesäubert und in bester Form – und auch der Außenbordmotor war gewartet worden. Die Männer standen mit verlegenem Lächeln da, die Hände in den Hosentaschen, und freuten sich über die Freude der Fischerin, aber auch darüber, daß sie nicht vergessen hatten, diese Freundesdienste zu leisten.

Die Fischerin ging auf sie zu und küßte sie alle rechts und links auf die Wangen, versteht sich, den Capitano als ersten, dann Carlo, Tino, den Schmied mit dem Alfa, den alten Beltramini, der die ganze Welt gesehen hatte, den kunstfertigen Schreiner Paolino, und auch der dicke Maresciallo bekam einen festen Schmatz. Die Frauen der Freunde hatten das Haus der Fischerin gelüftet, geputzt und mit Blumen geschmückt, und die ganze Welt war wie neu.

In der Nacht gingen die Männer vor die Tür ihrer Häuser. Sie sahen die Lichter von Annas Boot auf dem See. Sie sahen voller Befriedigung auf das nachtschwarze Wasser und die tanzenden Lichter. Zu Hause sagten sie ihren Frauen: »Anna ist wieder auf dem See.«

Und am Morgen schallte die so lange vermißte Stimme über die Dörfer am See: »pesci, pesci, pesci, pesci – freschi.« Drei Wochen später war Pfingsten – »Pentecoste« –, die Ausschüttung des Geistes über die arme Welt. Und sie saßen alle beim Pfingstmahl, die Freunde und Helden unserer Geschichten. Der Capitano, Tino, der

Schmied mit dem Alfa, der alte Beltramini, Paolino, der kunstfertige Schreiner und der Autorität ausstrahlende Maresciallo. Und unter ihnen Anna, die Fischerin. Der früher so ruppige Signor Panzer verzehrte friedlich sein Osterlamm, die Keramikfabrikantin und ihr Mann, der so weite Wege gehen mußte, um die Liebe zu erkennen, die Baronessa, und mit ihr am gleichen Tisch der Avvocato mit einer neuen Klientin, einer Gräfin Alani-Montenero. Und dann, ein friedlich gewordener Wolf, der Chef der Contrabandieri, der elegante Signor Ottilio Beretta. Das friedliche Antlitz von Don Domenico leuchtete auf, als er beim Osterlamm seinem jungen Kaplan die Grundzüge des Christentums erklärte: »Gewiß«, gestand Don Domenico, »die meisten dieser Männer sehen wir nicht oft in unserer Kirche. Die Frauen schon, aber die Männer kaum. Und dennoch, mein lieber Confrater, sind es gute Menschen. Menschen, die einander helfen, die gegenseitig ihre Würde wahren und die eine sehr eindringliche Form von Nächstenliebe praktizieren. Und schließlich ist unser Herr ja nicht der Priester und der schönen Kirchen wegen auf die Welt gekommen, sondern um der Menschen willen. Und wenn ich hier bei meinen Schäfchen bin, habe ich oft das Gefühl gehabt, der Herr sei mitten unter uns. Und wenn Sie, mein lieber geistlicher Confrater, die Dinge, die geschehen, nicht begreifen, so denken Sie daran, daß unseres Vaters Haus viele Wohnungen hat.«

Carlo, der des Pfarrers Worte mitbekommen hatte, sagte mit dröhnender Stimme: »Salve, salve, Don Domenico«, und füllte den beiden, dem alten und dem jungen geistlichen Herrn, die Gläser mit rotem Barbera nach.

Dann stutzte er. Die Türe war gegangen, und aus dem langen, glasüberdachten Flur, in dem die Barberafässer lagerten, hörte man zögernde Schritte. Ein fremdes Gesicht schaute in die Trattoria. »Entra, entra«, animierte Carlo. »Ist nicht alles besetzt?« forschte der Fremde. »Nein«, meinte Carlo, »man kann leicht ein Stühlchen anstellen.«

»Aber ist dies nicht eine geschlossene Gesellschaft?« fragte der scheue Fremde, er war ein Franzose, der die Sprache grundsätzlich, aber nicht in ihren Feinheiten verstand.

»Nein, nein, nur keine Scheu«, forderte Carlo, »es ist nur eine Gesellschaft von Menschen.« Und während der Fremde Platz nahm, grübelte er, was denn nun dieser kugelrunde Wirt mit den tausend schwarzen Löckchen und der roten Barberanase wirklich gesagt hatte: »Treten Sie ein, es ist die menschliche Gesellschaft.«

Die große Biographie zum 800. Geburtstag

Bechtle

Eine Staufer-Biographie, die vielen Lesern ein neues Bild dieses Kaisers vermitteln wird, der den einen als Messias, den anderen als Antichrist galt. Der Autor zeigt ihn aber auch als Freund der Künstler und der Wissenschaft, als Begründer der sizilischen Dichterschule, als Diplomaten, der das Königreich Jerusalem ohne Schwertstreich erlangte.